SEHEN · STAUNEN · WISSEN

SHAKESPEARE

Federkiele

Horntafel

Tinten-hörner

Mühlespiel

Knaben-schau-spieler

Schalmei

Modell des Globe Theatre

Hase

Schüler

Spanische Galeone

Schädel aus der Requisite

SEHEN 👁 STAUNEN · WISSEN

SHAKESPEARE

Der Dichter und seine Zeit

Text von Peter Chrisp

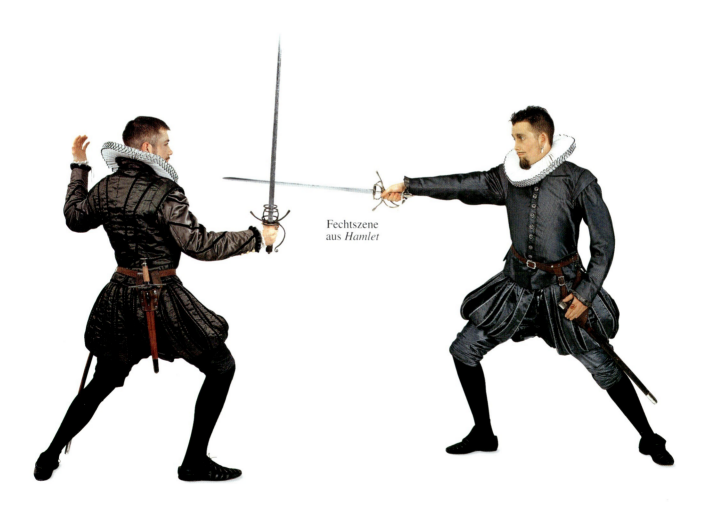

Fechtszene aus *Hamlet*

Gerstenberg Verlag

Hausratte

Degen und Dolch

Die Deutsche Bibliothek – CIP-Einheitsaufnahme

Ein Titeldatensatz für diese Publikation ist bei Der Deutschen Bibliothek erhältlich.

DK

Krone aus der Requisite

Ein Dorling-Kindersley-Buch
Originaltitel: Eyewitness Guides: Shakespeare
Copyright © 2002 Dorling Kindersley Ltd., London
Lektorat: Annabel Blacklegde, Monica Byles, Jayne Parsons, Louise Pritchard
Layout und Gestaltung: Kate Adams, Yolanda Carter, Justine Eaton, Jacquie Gulliver, Matthew Ibbotson, Jill Plank, Dean Price, Clare Shedden, Jane Tetzlaff
Herstellung: Kate Oliver
Bildrecherche: Sally Hamilton, Rachel Hilford, Franziska Marking
Fotos: Steve Teague

Aus dem Englischen von Cornelia Panzacchi, Bayreuth
Redaktionelle Bearbeitung der deutschsprachigen Ausgabe von Eva Schweikart, Nürnberg
Deutsche Ausgabe Copyright © 2002 Gerstenberg Verlag, Hildesheim
Alle deutschsprachigen Rechte vorbehalten

Satz bei Gerstenberg Druck GmbH, Hildesheim
Printed in China
ISBN 3-8067-4533-1

02 03 04 05 06   5 4 3 2 1

Kräuterstrauß

Für Hahnenkämpfe gezüchteter Hahn

Zettel aus *Ein Sommernachtstraum*

Reisebibliothek

Elisabethanische Edelfrau

Inhalt

Laute

Frühe Kindheit
6
Schulzeit
8
Religiöse Konflikte
10
Auf dem Lande
12
Freuden des Landlebens
14
Die verlorenen Jahre
16
Auf nach London!
18
Londoner Sensationen
20
Der Hof Königin Elisabeths I.
22
Die Stückeschreiber
24
England im Krieg
26
Pest und Poesie
28
Feinde, Gönner, Nutznießer
30
The Lord Chamberlain's Men
32
Der Bau des Globe
34
In Szene gesetzt
36
Musik und Tanz
38

Kleider und Kostüme
40
Der Knabenschauspieler
42
Das Publikum
44
Shakespeares Komödien
46
The King's Men
48
Die berühmten Tragödien
50
Die römischen Dramen
52
Abenteuer und Märchen
54
Wissenschaft und Aberglaube
56
Rückkehr nach Stratford
58
Gedruckte Werke
60
Shakespeares Vermächtnis
62
Register
64

Frühe Kindheit

William Shakespeare wurde 1564 in der kleinen englischen Stadt Stratford-upon-Avon geboren. Stratford hatte damals knapp 1500 Einwohner. Es war eine Marktstadt, in die die Bauern aus der Umgebung ihre Erzeugnisse brachten. Shakespeares genaues Geburtsdatum ist nicht bekannt, doch wir wissen, dass er am 26. April getauft wurde und dass die Taufe damals üblicherweise wenige Tage nach der Geburt stattfand. Shakespeare wurde in eine wohlhabende Familie hineingeboren. Sein Vater John gehörte dem Rat der Stadt an; von Beruf war er Handschuhmacher, außerdem handelte er mit Wolle und Holz.

DAS GEBURTSHAUS
In diesem Haus in der Henley Street kam William Shakespeare zur Welt. Heute ist sein Geburtshaus ein Museum. Die Räume wurden so eingerichtet, wie sie damals ausgesehen haben könnten.

Amtsstäbe aus dem 16. Jh.

Amtsstäbe entwickelten sich aus Schlagwaffen.

AMT UND WÜRDEN
1568 wurde John Shakespeare zum „Oberamtmann" von Stratford gewählt; das entsprach in etwa der Position eines Bürgermeisters. Symbol seiner Autorität war der Amtsstab, der bei offiziellen Anlässen vor ihm hergetragen wurde.

Blaue Farbe aus Färberwaid

NEBENPRODUKT WOLLE
John Shakespeare kaufte beim Schlachter Schaffelle, schor die Wolle ab und gerbte die Haut zu Leder, um daraus Handschuhe zu machen. Die Wolle, für die er keine Verwendung hatte, verkaufte er an Färber und Weber, die sie mit Pflanzenfarben einfärbten und zu Tuch verwebten.

Gelbe Farbe aus der Färberdistel (auch Saflor)

Rote Farbe aus Krappwurzeln

Fäustlinge aus Samt und Satin, mit Blumenmotiven bestickt (16. Jh.)

HANDMODE
Im 16. Jh. trugen reiche Leute kunstvoll bestickte Handschuhe wie diese als Schmuck, aber auch zum Schutz vor Kälte. John Shakespeare könnte auch bestickte Handschuhe verkauft haben, wobei er das Sticken vermutlich nicht selbst besorgte. Solche Arbeiten erledigten Frauen in Heimarbeit.

HÄUSLICHER ARBEITSPLATZ
John Shakespeares Werkstatt befand sich in seinem Wohnhaus. Hier bereitete er das Leder vor, schnitt es zu und nähte die Handschuhe. Wahrscheinlich diente die Werkstatt zugleich als Verkaufsraum.

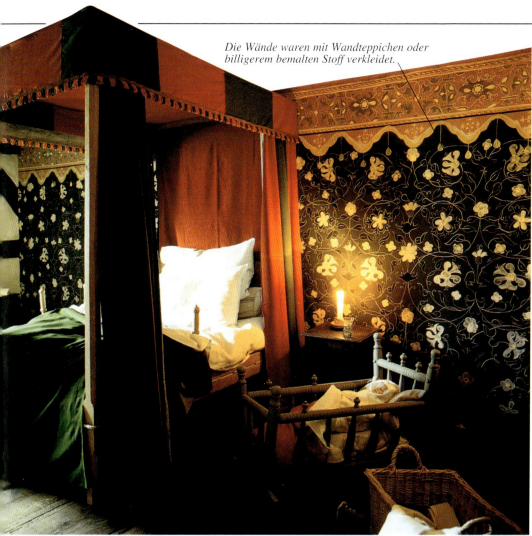

Die Wände waren mit Wandteppichen oder billigerem bemalten Stoff verkleidet.

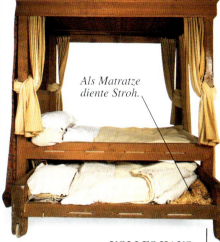

Als Matratze diente Stroh.

VOLLES HAUS
William Shakespeare hatte sieben Geschwister, daher war im Haus für den Einzelnen wenig Platz. Er könnte mit einigen Geschwistern in einem Rollbett wie diesem geschlafen haben, das tagsüber unter das höhere Bett geschoben wurde. Zu seiner Zeit war es üblich, dass Kinder zu mehreren in einem Bett schliefen.

ZIMMER DER MUTTER
Man nimmt an, dass John Shakespeares Ehefrau Mary ihre acht Kinder in diesem Raum zur Welt brachte. Er ist heute so eingerichtet, wie er nach der Geburt von Williams Bruder Richard 1574 ausgesehen haben könnte. Neben dem Bett steht eine Wiege. In dem Korb sind Leinenstreifen, mit denen man Säuglinge wickelte.

Alle Verzierungen waren von Hand geschnitzt.

PRACHTSTÜHLCHEN
Als Kleinkind saß William Shakespeare vermutlich in einem Hochstuhl wie diesem. Die aufwändigen Drechselarbeiten machten ihn zu einem besonders wertvollen Möbelstück. Sie dienten weniger dem Wohl des Kindes, sondern sollten Nachbarn und Besucher beeindrucken und den Wohlstand und guten Geschmack der Familie demonstrieren.

SCHWIERIGE ZEITEN
Eine Zeit lang liefen John Shakespeares Geschäfte sehr gut und er konnte sich u.a. teures Zinngeschirr leisten, wie es hier zu sehen ist. Ab 1576 jedoch ging es mit seinen Geschäften bergab. Er verschuldete sich und verlor sein Ansehen. Dem damals zwölfjährigen William blieben die Schwierigkeiten sicher nicht verborgen, und als er älter wurde, trug er möglicherweise zum Unterhalt der Familie bei.

Schulzeit

Mit etwa vier Jahren kam Shakespeare vermutlich in eine Vorschule für Jungen und Mädchen, wo er lesen lernte. Die Mädchen verließen die Schule mit sechs Jahren und wurden zu Hause von den Müttern oder, wenn die Familie genug Geld hatte, von Privatlehrern unterrichtet. Jungen, die noch nicht arbeiten mussten, besuchten ab dem sechsten Lebensjahr eine Lateinschule. Für Söhne von Ratsherren war der Unterricht umsonst, so auch für Shakespeare. Latein brauchte man, um später eine Universität besuchen zu können. Dort wurde man für eine Laufbahn in der Politik, der Rechtswissenschaft, der Medizin, an Schulen und Universitäten oder in der Kirche ausgebildet.

PRÜGELSTRAFE
Die Lehrer hatten immer ein Bündel Birkenzweige parat, mit dem sie ungehorsame Schüler schlugen. Auch wer Fehler machte, musste mit Schlägen rechnen.

SCHWÄNZEN
Viele Jungen gingen ungern zur Schule. Der Unterricht dauerte lange, der Lernstoff bot wenig Anregung und ihr Betragen wurde streng überwacht. Der Schriftsteller Thomas Nashe schrieb 1592, er habe sich oft irgendwo versteckt und gespielt, statt zur Schule zu gehen.

„Vater unser, der du bist im Himmel" – das Vaterunser auf Lateinisch

Illustration aus dem 19. Jh. zu Jacques' Rede über den „weinerlichen Buben" in *Wie es euch gefällt*

LESEFUTTER
Mit einer Horntafel lernten die Kinder lesen. Es handelte sich um eine Holztafel, auf die ein bedrucktes Blatt Papier gespannt wurde; darüber kam zum Schutz eine durchsichtige Hornplatte. Die oben gezeigte Tafel diente zum Lernen des Vaterunsers auf Lateinisch.

Mit Horntafel und Ranzen geht der Junge aus Wie es euch gefällt *lustlos zur Schule.*

Die Fahnen (Teil der Feder) störten eher beim Schreiben, man ließ sie aber zur Zierde am Kiel.

„*Der weinerliche Bube, der mit Bündel Und glattem Morgenantlitz, wie die Schnecke Ungern zur Schule kriecht …*"

WILLIAM SHAKESPEARE
Jacques in *Wie es euch gefällt*

SCHULMÖBEL
In der Tudorzeit, in der Shakespeare lebte, saßen die Kinder in der Vorschule auf Hockern, in der Lateinschule auf langen Bänken. Es gab keine Tische, sodass sie Bücher und Tafeln auf den Knien balancierten. Beim Lesen war das kein Problem, aber es war sicher schwierig, sich auf diese Weise im Schönschreiben zu üben.

Der Kiel wurde immer wieder in die Tinte getaucht.

FEDER UND TINTE
Das wichtigste Schreibutensil war der Gänsekiel. Man schnitt eine Gänsefeder zur Schreibfeder zurecht, indem man den Kiel mit dem Federmesser von den Fahnen befreite und das untere Ende zuspitzte. Die Tintenbehältnisse waren aus Schafshorn, Ton, Holz oder Metall.

Tintenbehältnis aus Horn

Eine Auswahl von Gänsekielen

Beim Lesen folgt der Schüler der Zeile mit dem Finger.

RÖMISCHES VORBILD
In der Lateinschule lernte Shakespeare die Werke römischer Autoren der Antike wie Seneca (4 v.Chr.– 65 n.Chr.) kennen. Seneca schrieb Tragödien über das Leiden und den Tod großer Helden. Eines von Shakespeares ersten Stücken war *Titus Andronicus*, eine blutige, von Seneca inspirierte Tragödie.

LIEBLINGSAUTOR
Shakespeare bewunderte den römischen Dichter Ovid (43 v.Chr.–17 n.Chr.), der in seinen *Metamorphosen* griechische und römische Mythen nacherzählt. Ein Schriftsteller namens Francis Meres verglich Shakespeare 1598 mit Ovid und meinte, Ovids geistreicher Stil lebe in dessen wohltönender Sprache fort.

Religiöse Konflikte

Das 16. Jahrhundert war eine Zeit erbitterter Religionskämpfe. Die Engländer waren damals Christen, gehörten aber zwei konkurrierenden Glaubensrichtungen an: dem Katholizismus und dem Protestantismus. 1534 brach Heinrich VIII. mit der katholischen Kirche und erklärte sich selbst zum Oberhaupt der anglikanischen „Kirche von England". Unter seinem Sohn Eduard VI. (1547–1553) wurde die anglikanische Kirche protestantisch. Während der Herrschaft Marias I. (1553–1558) kam es zu einer Rückkehr zum Katholizismus, doch Elisabeth I. (Regierungszeit: 1558–1603) erklärte den Protestantismus erneut zur Staatsreligion und stellte die anglikanische Kirche wieder her. Die Protestanten waren in Anglikaner und Puritaner aufgespalten.

Maria als Himmelskönigin mit dem Jesuskind

ENGLISCHE BIBEL
Die Katholiken hatten lateinische Bibeln, die Protestanten dagegen vertraten die Ansicht, jeder solle die Bibel in seiner eigenen Sprache lesen können. Als Maria I. den Thron bestieg, floh eine Gruppe englischer Protestanten nach Genf und verfasste dort die Bibelübersetzung, die auch Shakespeare kannte.

HIMMELSKÖNIGIN
Katholiken beten vor Heiligenfiguren wie der der Muttergottes, die sie Himmelskönigin nennen. Die Protestanten kennen keine Heiligenverehrung. Sie betrachteten das Anbeten von Heiligenstatuen als Götzendienst. Unter dem protestantischen König Eduard VI. wurden Statuen wie diese in ganz England zerstört.

GEBETE ZÄHLEN
Als Rosenkranz bezeichnen die Katholiken eine bestimmte Abfolge von Gebeten. Die einzelnen Gebete werden an einer Kette aus Perlen abgezählt, die ebenfalls Rosenkranz genannt wird.

Lederschatulle

BROT UND WEIN
Der katholischen Lehre zufolge wandeln sich beim Abendmahl (Kommunion) Brot und Wein in den Leib und das Blut Christi. Mit Schatullen wie der hier gezeigten, die alle für das Abendmahl wichtigen Gegenstände enthielten, suchten Priester im Geheimen praktizierende Katholiken auf. Das Abendmahl gibt es auch bei den Anglikanern, für sie haben Brot und Wein aber nur Symbolcharakter.

Flasche für den Wein

Weinkelch für die Kommunion

Teller für Brot oder Oblaten

Christus am Kreuz

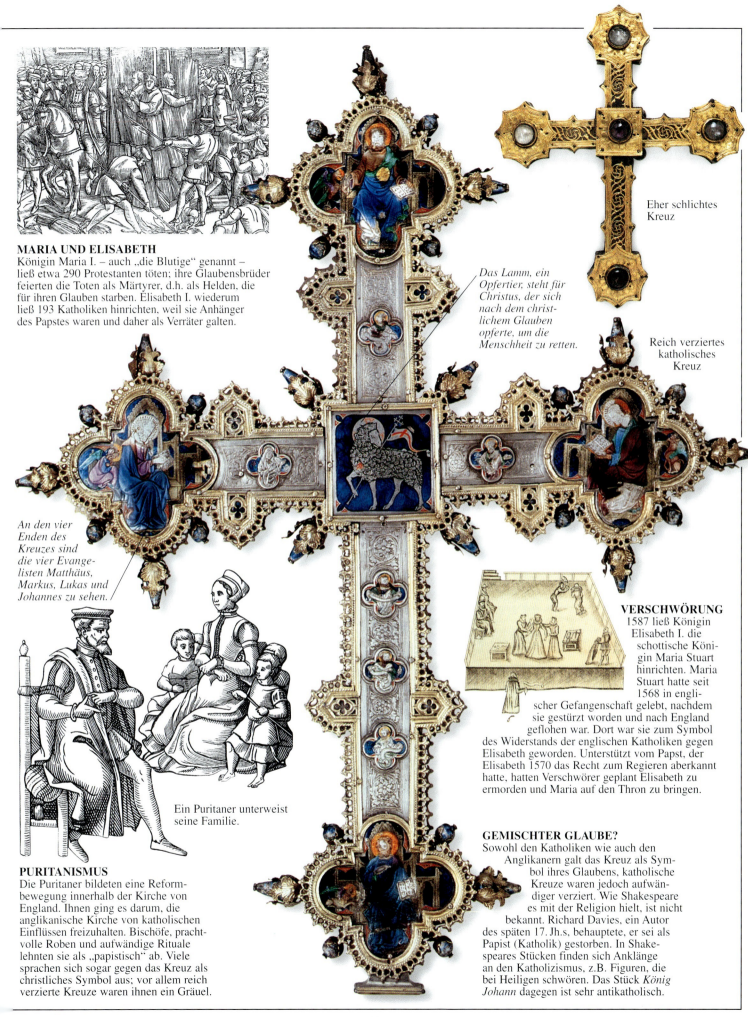

MARIA UND ELISABETH
Königin Maria I. – auch „die Blutige" genannt – ließ etwa 290 Protestanten töten; ihre Glaubensbrüder feierten die Toten als Märtyrer, d.h. als Helden, die für ihren Glauben starben. Elisabeth I. wiederum ließ 193 Katholiken hinrichten, weil sie Anhänger des Papstes waren und daher als Verräter galten.

Eher schlichtes Kreuz

Das Lamm, ein Opfertier, steht für Christus, der sich nach dem christlichem Glauben opferte, um die Menschheit zu retten.

Reich verziertes katholisches Kreuz

An den vier Enden des Kreuzes sind die vier Evangelisten Matthäus, Markus, Lukas und Johannes zu sehen.

Ein Puritaner unterweist seine Familie.

VERSCHWÖRUNG
1587 ließ Königin Elisabeth I. die schottische Königin Maria Stuart hinrichten. Maria Stuart hatte seit 1568 in englischer Gefangenschaft gelebt, nachdem sie gestürzt worden und nach England geflohen war. Dort war sie zum Symbol des Widerstands der englischen Katholiken gegen Elisabeth geworden. Unterstützt vom Papst, der Elisabeth 1570 das Recht zum Regieren aberkannt hatte, hatten Verschwörer geplant Elisabeth zu ermorden und Maria auf den Thron zu bringen.

PURITANISMUS
Die Puritaner bildeten eine Reformbewegung innerhalb der Kirche von England. Ihnen ging es darum, die anglikanische Kirche von katholischen Einflüssen freizuhalten. Bischöfe, prachtvolle Roben und aufwändige Rituale lehnten sie als „papistisch" ab. Viele sprachen sich sogar gegen das Kreuz als christliches Symbol aus; vor allem reich verzierte Kreuze waren ihnen ein Gräuel.

GEMISCHTER GLAUBE?
Sowohl den Katholiken wie auch den Anglikanern galt das Kreuz als Symbol ihres Glaubens, katholische Kreuze waren jedoch aufwändiger verziert. Wie Shakespeare es mit der Religion hielt, ist nicht bekannt. Richard Davies, ein Autor des späten 17. Jh.s, behauptete, er sei als Papist (Katholik) gestorben. In Shakespeares Stücken finden sich Anklänge an den Katholizismus, z.B. Figuren, die bei Heiligen schwören. Das Stück *König Johann* dagegen ist sehr antikatholisch.

Auf dem Lande

William Shakespeare wuchs auf dem Lande auf. Er kannte die Felder und Wiesen rund um Stratford, die Pflanzen, die auf ihnen wuchsen, und den Wald von Arden im Norden. Seine Kenntnisse über das Landleben nutzte er auch für seine Stücke. Darin finden sich immer wieder Beschreibungen von Blumen und Bäumen, von Vögeln und anderen Tieren sowie vom Wechsel der Jahreszeiten. In *Macbeth* beschreibt Shakespeare den Einbruch der Nacht so: „... Das Licht wird trübe; / Zum dampfenden Wald erhebt die Kräh' den Flug ...", und in *Romeo und Julia* sagt Capulet, nachdem er vom Tod seiner Tochter erfahren hat: „Der Tod liegt auf ihr, wie ein Maienfrost / Auf des Gefildes schönster Blume liegt."

FRANKREICH ALS FELD
Als Kind sah Shakespeare sicherlich Bauern, die mit Ochsen ihre Felder pflügten. In *Heinrich V.* vergleicht er Frankreich mit einem ungepflügten, von Unkraut überwucherten Feld, auf dem ein Pflug vor sich hin rostet.

KLEINERE TIERE
Das Vieh war zu Shakespeares Zeiten kleiner als heute. Manche Rassen aber haben das damalige Aussehen bewahrt. Die englische Bagot-Ziege z.B. sieht noch so aus wie 1380, als König Richard II. Sir John Bagot eine Herde schenkte.

Nutzvieh

Wie heute hielt man auch im 16. Jh. Vieh für verschiedene Zwecke. Kühe wurden gemolken, Ochsen vor den Pflug gespannt. Schafe lieferten Fleisch, Milch und Wolle; Ziegen neben Fleisch und Milch auch Horn und Leder. Da nicht genug Futter vorhanden war, um alle Tiere über den Winter zu bringen, schlachtete man die meisten im Herbst. Die Schweine wurden mit Bucheckern gemästet und erst gegen Ende des Winters geschlachtet.

Langhornrind

Bagot-Ziege

„Wenn Eis in Zapfen
hängt am Dach,
Und Thoms, der Hirt,
vor Frost erstarrt,
Wenn Hans die Klötze
trägt ins Fach,
Die Milch gefriert
im Eimer hart ..."

WILLIAM SHAKESPEARE
Winter in *Verlorene Liebesmüh*

Heugabel zum Aufnehmen von Heu, Stroh und Korngarben

Weizen

Hafer Roggen Gerste

Haken zum Festhalten der Stängel, die man mit der Sichel abschnitt

Sichel zum Ernten von Getreide

Bauernkarren

Borsten bedecken den ganzen Körper.

Schwein

TÄGLICH BROT
Die Bauern bauten verschiedene Sorten Getreide an, aus dem man Brot herstellte. Teures Brot buk man aus Weizenmehl, für billigeres nahm man Gerste, Roggen oder notfalls Hafer. Nach Missernten musste man sich mit Brot aus Eicheln begnügen.

ERNTEZEIT
Bei der Ernte kamen einfache Geräte wie Haken und Sicheln zum Einsatz. Das geerntete Getreide lud man mit Heugabeln auf einen Wagen und fuhr es zur Tenne, wo beim Dreschen die Körner von Stroh und Spreu getrennt wurden.

GIRLANDEN UND GIFT
Shakespeare nutzte sein Wissen über Pflanzen für etliche seiner Stücke. In *Hamlet* flicht Ophelia Girlanden aus „... Hahnfuß, Nesseln, Maßlieb, Kuckucksblumen ..." In *Cymbeline* beauftragt die böse Königin ihre Hofdamen damit, Veilchen, Schlüsselblumen und Primeln zu pflücken, um daraus Gift zu machen.

Getreide und Blumen

Zu Shakespeares Zeiten war das Leben auf dem Lande ein ewiger Kreislauf von Pflügen, Säen und Ernten. Der Arbeitstag war lang und hart und man war auf gute Ernteerträge angewiesen. Nichts, was die Natur bot, wurde verschwendet. Man sammelte Wildpflanzen und verwendete sie zum Kochen oder als Heilkräuter. Indem Shakespeare Kultur- und Wildpflanzen anschaulich beschrieb, erhöhte er die lebensnahe Wirkung seiner Werke.

Schlüsselblume

Nessel

Primel

Veilchen

Darstellung der Ophelia aus Walter Cranes *Flowers in Shakespeare's Garden* (1906)

Freuden des Landlebens

Keiler waren wegen ihrer scharfen Hauer gefährlich.

Zu Shakespeares Zeiten verschafften sich die Menschen auf dem Land Unterhaltung und Vergnügen, wann immer ihnen Zeit dafür blieb. Sie kickten Fußbälle aus aufgepumpten Schweinsblasen, übten sich im Bogenschießen und spielten Brettspiele. Beliebt war auch die Jagd in den Wäldern, auf den Wiesen und den Feldern; sie bot zudem die Möglichkeit sich Fleisch zu beschaffen. Die Armen fingen Vögel und Kleintiere, während die Wohlhabenden größeres Wild wie Wildschweine und Hirsche jagten. Hirsche lebten auch in Sir Thomas Lucys privatem Park in Charlecote, 8 km östlich von Stratford.

„LIEBST DU DIE BEIZE?"
In *Der Widerspenstigen Zähmung* wird die Frage gestellt: „Liebst du die Beize?" Shakespeare hätte sie wohl bejaht, denn er erwähnt die Falknerei (auch Beize genannt) häufig in seinen Stücken. So ruft die Heldin in *Romeo und Julia* nach dem Abschied vom Geliebten: „Oh, eines Jägers Stimme, / Den edlen Falken wieder herzulocken!"

Der kräftige Mastiff tötete Wildschweine.

Der Bluthund spürte Wildschweine und Rotwild auf.

JAGDHUNDE
Schon im 16. Jh. züchtete man verschiedene Jagdhundrassen für unterschiedliche Zwecke, z.B. den schnellen Windhund für die Hetzjagd. In *Heinrich VI. 3. Teil* vergleicht Königin Margareta ihre Verfolger mit Windhunden: „Eduard und Richard, wie ein Paar Windhunde, / Den scheuen, flüchtgen Hasen vor sich her ... / Sind hinter uns ..."

Die schnellen Windhunde verfolgten Hasen.

Die Kappe sollte verhindern, dass der Vogel wegflog.

Wanderfalke

Die Jagd

Jagd und Falknerei waren bei Arm und Reich beliebt. Die Adligen hielten sich Wander- und Gerfalken, die sie auf Reiher, Enten, Tauben und Saatkrähen ansetzten. Nicht so betuchte Leute hatten Hühnerhabichte, die als weniger edel galten. Mit ihnen jagten sie Hasen, Kaninchen und Rebhühner.

Hasen wurden vor allem wegen ihres Fleisches gejagt.

Die Beinfesseln des Falken waren am Falknerhandschuh befestigt.

Dank der Glöckchen hörte der Falkner den Vogel, wenn er außer Sichtweite war.

Der dicke Handschuh schützte die Hand vor den scharfen Klauen.

Backgammonspiel

SPIELE FÜR ARM UND REICH
In seinen Stücken erwähnt Shakespeare zwei Brettspiele: das von den Reichen gespielte Backgammon und das Mühlespiel der einfachen Leute. Schäfer ritzten häufig die Linien des Mühlespiels in den Boden und spielten mit Steinen.

Mühlespiel

SOMMERLICH GESTIMMT
Am 1. Mai feierte man den Beginn des Sommers, indem man um den Maibaum tanzte. Der Maibaum war eine mit Blumen und Bändern umwundene Stange. Vielerorts schmückte man auch die Türen mit Blüten. In *Ein Sommernachtstraum* schreibt Shakespeare: „Sie machten ohne Zweifel früh sich auf, / Den Mai zu feiern ..."

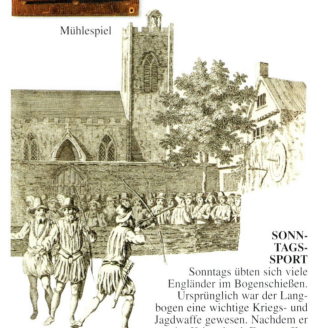

Bogenschützen beim Üben auf der Dorfwiese

SONNTAGSSPORT
Sonntags übten sich viele Engländer im Bogenschießen. Ursprünglich war der Langbogen eine wichtige Kriegs- und Jagdwaffe gewesen. Nachdem er im Krieg durch Feuerwaffen ersetzt worden war, blieb er weiterhin eine beliebte Sportwaffe; auch die Königin war eine gute Bogenschützin.

Spiele und Feste
Obwohl die Menschen auf dem Land hart arbeiteten, fanden sie bisweilen Zeit für Spiele und Sport. Mühle, Fußball und Bogenschießen waren beliebt und man veranstaltete auch gern Hahnenkämpfe. Weitere Abwechselung boten zahlreiche kirchliche und andere Feste im Jahreslauf sowie feierliche Anlässe, z.B. königliche Besuche.

UNTERHALTUNG FÜR DIE KÖNIGIN
Am aufregendsten fand man auf dem Lande Besuche der Königin. Die Adligen gaben hohe Summen für Spektakel wie diese Wasserschau aus, die sie 1591 zu Ehren Elisabeths I. veranstalteten. Die Königin reiste oft durch England und ihre Untertanen freuten sich über ihre Besuche.

Die verlorenen Jahre

1579 war Shakespeare 15 Jahre alt und hatte die Schule abgeschlossen, 1592 galt er als vielversprechender Londoner Bühnenautor. Über die Jahre dazwischen wissen wir nur wenig: Deshalb spricht man von Shakespeares „verlorenen Jahren". Aus Kirchenbüchern ist bekannt, dass er im November 1582 Anne Hathaway heiratete, eine Bauerntochter aus der Gegend. Er war damals 18 Jahre alt; Anne war 26 und erwartete ihr erstes Kind, das im Mai 1583 zur Welt kam. Der Tochter Susanna folgten 1585 die Zwillinge Judith und Hamnet. Über das, was sich sonst in den 13 Jahren ereignet haben könnte, gibt es viele Theorien, von denen die meisten eher auf Fantasie als auf Fakten beruhen.

KLATSCH UND TRATSCH
Seinem ersten Biografen, Nicholas Rowe, zufolge musste Shakespeare aus Stratford fliehen, weil er im Hirschpark von Sir Thomas Lucy beim Wildern erwischt worden war. Rowe hatte in seinem 1709 erschienenen Buch verwertet, was ihm die Bewohner von Stratford über den Dichter erzählten.

KINDERSTERBLICHKEIT
Im 16. Jh. war die Kindersterblichkeit hoch: Jedes dritte Kind starb im Babyalter. Weil man glaubte, ungetaufte Kinder kämen nicht in den Himmel, ließ man Säuglinge bald nach der Geburt taufen. Susanna Shakespeare wurde am 26. Mai 1583 getauft.

ANNE HATHAWAYS HAUS
Shakespeares Ehefrau Anne wuchs in dem Dörfchen Shottery 2 km westlich von Stratford auf. Dort steht noch heute ihr Elternhaus, ein großes Bauernhaus mit zwölf Zimmern, das als Anne Hathaway's Cottage bekannt ist.

Rätselraten

Seit Jahrhunderten versuchen Literaturwissenschaftler in aller Welt herauszufinden, wie Shakespeare die verlorenen Jahre verbrachte. Manche durchforsten Urkunden aus den 1580er-Jahren, andere suchen die Antwort in seinen Werken. Letztere belegen, dass Shakespeare Kenntnisse in Medizin, Militärwesen und Rechtswissenschaft hatte. Ob diese auf persönlichen Erfahrungen beruhen, ließ sich bisher nicht nachweisen.

Stoffschere

Schere für die Schafschur

Unbearbeitete Schafwolle

Mit der Spindel wurde die Wolle zu Garn gesponnen.

Vor dem Spinnen wurde die Wolle gekämmt.

Garnknäuel

VATERS FUSSSTAPFEN
Zu Shakespeares Zeiten ergriff mindestens einer der Söhne den Beruf des Vaters, um dessen Hof oder Werkstatt weiterzuführen. William Shakespeare könnte seinem Vater beim Wollhandel geholfen haben; jedenfalls war er in späteren Jahren ein gewiefter Geschäftsmann.

Kaninchen

Ringeltauben

Gans

MILITÄRSTRATEGIEN
Der Shakespeare-Forscher W.J. Thoms schloss im 19. Jh. aus den militärischen Kenntnissen des Dichters auf Erfahrungen als Soldat. Er fand ein Dokument, in dem ein Soldat namens William Shakespeare erwähnt ist. Allerdings hatte dieser 1605 gedient, als der Dichter längst bekannt und erfolgreich war.

HEILKUNDE
Aus Shakespeares Werken geht hervor, dass er medizinische Kenntnisse besaß, doch viele seiner Figuren verachten die Ärzte. Macbeth sagt zu einem Arzt: „Wirf deine Kunst den Hunden vor", und Timon von Athen warnt: „Traut keinem Arzt."

Teller aus elisabethanischer Zeit mit Bild- und Versdarstellungen von Berufen

SCHLACHTSZENEN
Bei seinem Besuch 1693 in Stratford erfuhr ein gewisser John Dowdall, dass Shakespeare als Schlachter gearbeitet habe. Dasselbe Gerücht kam auch dem Schriftsteller John Aubrey zu Ohren, der schrieb, Shakespeare habe Schlachtungen in großem Stil inszeniert und dabei Reden gehalten.

Hakenförmiges Ledermesser

Halbmondförmiges Ledermesser

Dorn zum Löcherstechen

GRÜNER DAUMEN?
Shakespeares Figuren sprechen oft von Pflanzen und Blumen, vom Unkrautjäten und von anderen Gartenarbeiten. Dies könnte bedeuten, dass der Dichter als Gärtner gearbeitet hat oder vielleicht Hobbygärtner war.

JURISTEREI
In Shakespeares Stücken finden sich viele juristische Fachbegriffe. Der englische Gelehrte Edmund Malone äußerte 1790, Shakespeare habe diese Kenntnisse bei der Arbeit in einer Kanzlei erworben. Eventuell stammte sein Wissen auch aus Prozessen, in die er verwickelt war.

LEDERARBEITEN
In der Werkstatt seines Vaters könnte William Shakespeare das Handschuhmachen und andere Lederarbeiten erlernt haben. Es liegt nahe, dass er dem Vater zur Hand ging, als die Familie schwere Zeiten durchmachte.

Richard Tarlton (Stich aus dem 16. Jh.)

THEATERLEIDENSCHAFT
In den 1580er-Jahren traten fahrende Schauspieler in den Gasthöfen von Stratford auf. Die damals berühmteste Truppe, The Queen's Men, gastierte 1587 in Shakespeares Heimatort. Er könnte die Truppe mit ihrem Star, dem Clown Richard Tarlton, gesehen haben, möglicherweise schloss er sich ihr sogar an. Bekannt ist nur, dass er irgendwann vor 1592 Schauspieler wurde.

Schauspieler treten im Hof einer Gastwirtschaft auf (handkolorierter Stich).

Auf nach London!

Im Lauf der 1580er-Jahre verabschiedete sich Shakespeare von seiner Familie und machte sich nach London auf, um dort sein Glück zu versuchen – als einer von tausenden, denn im späten 16. Jahrhundert zog es viele Landbewohner in die Großstadt. London war schon damals dicht bevölkert und um die Sauberkeit der Stadt war es schlecht bestellt: In den schmalen Straßen häufte sich der Abfall. Für Shakespeare waren dies ungewohnte Eindrücke. Beim Überqueren der London Bridge entsetzte er sich möglicherweise über die dort ausgestellten Köpfe hingerichteter Verräter, während ihn die Schönheit der großen Kirchen und der Häuser reicher Kaufleute und Adliger am Fluss vermutlich tief beeindruckte.

Apfelverkäuferin

AUF NACH WESTEN!
An der Themse hörte Shakespeare vermutlich die Fährleute „Auf nach Westen!" und „Auf nach Osten!" rufen. Sie beförderten Fahrgäste den Fluss entlang oder von Ufer zu Ufer. Außer den Fährbooten waren Frachtkähne und Handelsschiffe auf der Themse unterwegs und manchmal sah man auch die königliche Prunkbarke, die Elisabeth I. für Fahrten zwischen Greenwich und der Stadt diente.

Ein Fährmann war so etwas wie ein Taxifahrer des 16. Jh.s

Fährleute arbeiteten allein oder paarweise.

London, vom Südufer der Themse gesehen (Bild des holländischen Malers Claes Jans Visscher, um 1616)

Jeden Tag ließen sich tausende zu den Theatern an der Bankside rudern.

STADTWACHSTUM
Als Shakespeare nach London kam, lebten die meisten Bewohner im alten, noch von mittelalterlichen Mauern umgebenen Teil der Stadt nördlich der Themse. Doch der starke Zuzug bewirkte, dass die Stadt in alle Richtungen wuchs. Die sog. Bankside, das Südufer der Themse, entwickelte sich rasch zu Londons Vergnügungsviertel.

Ein Kaufmann und seine Frau (1590)

„Sherry! Sherry! Ein Schluck Sherry!", ruft der Weinverkäufer.

„Feder und Tinte!", ruft der Schreibzeugverkäufer.

„Spielzeug und Schmuck!", ruft der Trödler.

„Almanache!", ruft der Verkäufer von Zukunftsvorhersagen.

„Mak-makmakrelen!", ruft die Fischverkäuferin.

LÄRM DER GROSSSTADT
Die Straßen von London hallten von den Rufen der Straßenverkäufer wider. Männer und Frauen zogen durch die Stadt und verkauften so gut wie alles, von Gemüse, Obst, Fisch und Wein über Spielzeug und Bücher bis hin zu Besen und gebrauchter Kleidung. Sie machten den Handwerkern und Händlern Konkurrenz, die ihre Werkstätten und Läden im Erdgeschoss der Häuser hatten.

HOHE HÄUSER
Staple Inn, ein Gebäude, in dem früher die Wolle gewogen wurde, sieht heute noch so aus wie zu Shakespeares Zeiten. Da Grundstücke in der Stadt schon damals teuer waren, baute man in die Höhe. Die oberen Stockwerke ragten ein Stück vor und boten so mehr Platz als das unterste.

DIE MACHT DER KAUFLEUTE
Der Wohlstand Londons gründete sich auf den Handel. Daher waren die wohlhabenden Kaufleute in der Stadt tonangebend. Die reichsten unter ihnen bildeten einen Stadtrat, dem der Bürgermeister vorstand.

Der lateinische Text am oberen Bildrand beschreibt London als berühmtesten Markt der ganzen Welt.

Schon im 16. Jh. hatte London über hundert Kirchen.

Shakespeare besuchte die St. Mary Overie's Church, später umbenannt in Southwark Cathedral.

Ein Satz geeichter Gewichte aus dem 16. Jh.

Als Warnung wurden die Köpfe hingerichteter Verräter auf der London Bridge zur Schau gestellt.

MASS FÜR MASS
Die Gilden, Vereinigungen von Handwerkern und Kaufleuten, sorgten dafür, dass nur geeichte Gewichte verwendet wurden. Wenn ein Händler dabei ertappt wurde, dass er mit zu leichten Gewichten abwog, kam er an den Pranger.

Londoner Sensationen

Shakespeare, der in dem beschaulichen Städtchen Stratford aufgewachsen war, muss London ziemlich aufregend gefunden haben. London war damals die größte Stadt Englands und sogar die größte Nordeuropas. Schon bevor es dort Theater gab, bot die Stadt ihren Bewohnern viele Attraktionen. So sahen sich die Londoner gern Kämpfe zwischen Hundemeuten und Bullen bzw. Bären an. Man traf sich zum Würfeln und Kartenspielen um Geld oder vergnügte sich gemeinsam beim Kegeln. Hinrichtungen fanden damals öffentlich statt; auch dazu fanden sich zahlreiche Zuschauer ein.

SCHAUKÄMPFE
Der Hahnenkampf war in ganz England beliebt. In London gab es mehrere Hahnenkampfplätze. Sie waren in kleinen, runden Gebäuden untergebracht, in denen die Menge den Tieren beim Kampf auf Leben und Tod zusah – und Wetten auf den Sieger abschloss.

Junger Hahn

Die Hähne setzten beim Kämpfen Schnäbel und Sporen ein.

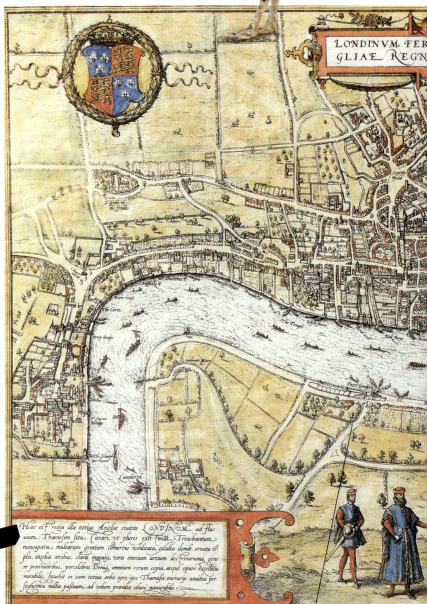

VERGNÜGUNGSSTÄTTEN
Diese Karte von London entstand 1572, kurz bevor die ersten Theater gebaut wurden. Bis dahin beschränkten sich die Vergnügungsstätten auf Plätze für Hahnenkämpfe und Tierkampfarenen wie Bear Garden.

Öffentliche Hinrichtungen in London

EIN ZWEIFELHAFTES VERGNÜGEN
Die Londoner waren den Anblick von Blut gewohnt, denn das Zuschauen bei Hinrichtungen hatte bei ihnen Tradition. Am grausamsten wurden Verräter hingerichtet: Man schleifte sie mit Pferden zum Galgen und hängte sie so auf, dass sie davon nicht starben. Dann nahm man sie ab, schlitzte ihnen den Bauch auf und verbrannte die Eingeweide.

Meist wurde für jede Hinrichtung ein eigener Galgen errichtet.

Hölzerner Galgen

Lage des Swan (erbaut 1595/96)

Bulldogge

BEISSWÜTIG
Auf der Bankside konnte man Hunde gegen Bullen kämpfen sehen. Die eigens für solche Kämpfe gezüchteten Bullenbeißer waren größer als die heutigen Bulldoggen (links). Sie sprangen den Bullen an und verbissen sich in dessen Nase oder Ohren, sodass er sie kaum abschütteln konnte.

The Swan, erbaut vom Färber Philip Henslowe

The Rose, erbaut vom Goldschmied Francis Langley

PROFITDENKEN
Die Londoner Theater, darunter auch Swan und Rose, wurden von Geschäftsleuten erbaut, die sie als Einnahmequellen ansahen. Als Erste entstanden das Theatre (1576) und das Curtain (1577). Ihr runder Grundriss war älteren Bauten wie dem Bear Garden nachempfunden.

Lage des Theatre

Lage des Curtain

„KANINCHENFÄNGER"
Das Glücksspiel war ein riskantes Vergnügen, da es in London von geschickten Betrügern nur so wimmelte. Man nannte sie Kaninchenfänger – sie selbst bezeichneten ihre Opfer als Kaninchen. Am liebsten machten sie sich an Leute heran, die wie Shakespeare vom Lande kamen.

Ausbeute eines Glücksspielers

Den Bären gab man Namen wie Harry Hunks oder Sackerson.

Bear Garden

Lage des Rose (erbaut 1587)

Braunbär

Bärenhatz im 16. Jh.

ZAHNLOS ANGEKETTET
Im Bear Garden wurden Hunde auf einen angeketteten Bären losgelassen. Damit die Hunde bessere Chancen gegen den Bären hatten, zog man ihm zuvor die Zähne. Shakespeares schottischer König Macbeth vergleicht sich mit einem solchen Bären: „Sie banden mich an den Pfahl; fliehn kann ich nicht, / Muß, wie der Bär, der Hatz entgegen kämpfen."

Der Hof Königin Elisabeths I.

Wenn die Königin nicht reiste, residierte der Hof in den königlichen Schlössern rund um London: in Whitehall, Richmond und Greenwich. Dort umgab sich Elisabeth I. mit jungen Männern, die um ihre Gunst wetteiferten. Sie schmeichelten ihr, indem sie sie mit der römischen Mondgöttin Diana verglichen und sie „Gloriana" (die Ruhmreiche) nannten. Wer bei ihr gut angeschrieben war und wem sie ihre Gunst entzog, war Gegenstand des Hofklatsches, den die Londoner liebten und den Shakespeare in *König Lear* so umschrieb: „... wer da gewinnt, verliert; / Wer in, wer aus der Gunst ..."

THEATER BEI HOFE
Elisabeth sah gern Theateraufführungen, besuchte jedoch nie öffentliche Schauspielhäuser. Stattdessen mussten die Schauspieler in ihren Schlössern Privatvorstellungen geben. Bevor Shakespeare Stücke schrieb, könnte er der Königin als Darsteller bei Hofvorstellungen aufgefallen sein.

MUTTER DES VOLKES
Auf diesem Porträt von Nicholas Hilliard trägt die 41-jährige Königin eine Brosche in Form eines Pelikans. Man glaubte damals, weibliche Pelikane nährten ihre Jungen mit dem eigenen Blut. Die Königin trug die Brosche zum Zeichen dafür, dass sie wie eine Mutter für ihr Volk sorgte.

GEHEIMREZEPTE
Die Damen bei Hofe mischten sich Salben und Lotionen, die die Haut von Sommersprossen und anderen „Makeln" befreien sollten. Zutaten waren Kräuter, Gewürze und Wein, man verwendete aber auch gesundheitsschädliche und sogar giftige Stoffe.

Weiße Perlen stehen für die Reinheit der Königin.

Pelikan mit blutiger Brust

Nelken

Ingwer

Muskat

Lorbeer

Kräuter und Gewürze sollten gegen Sommersprossen helfen.

Opal

In die Augen geträufelt machte der Saft der giftigen Tollkirsche den Blick intensiver.

Quecksilber

Zitrone

Gesichtswasser enthielten Zitronensaft und das giftige Quecksilber.

Reisebibliothek (17. Jh.)

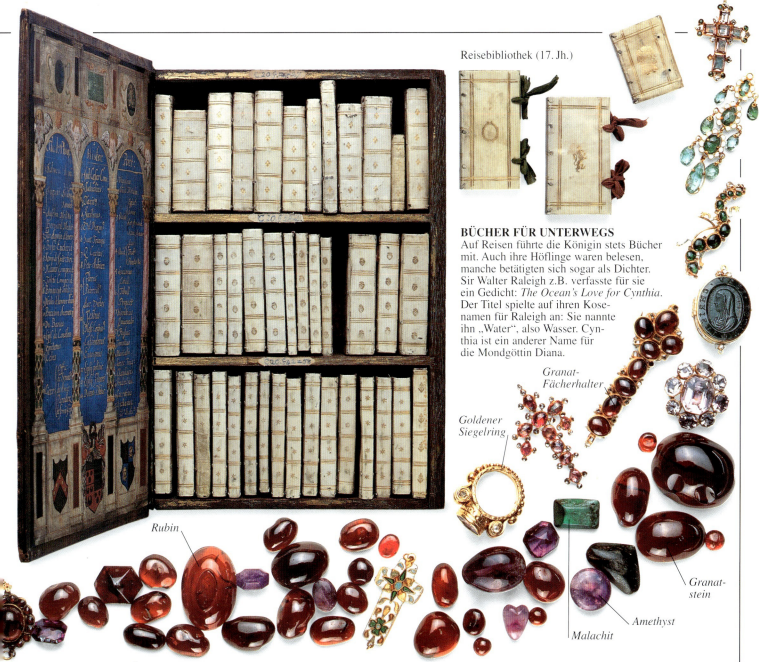

BÜCHER FÜR UNTERWEGS
Auf Reisen führte die Königin stets Bücher mit. Auch ihre Höflinge waren belesen, manche betätigten sich sogar als Dichter. Sir Walter Raleigh z.B. verfasste für sie ein Gedicht: *The Ocean's Love for Cynthia*. Der Titel spielte auf ihren Kosenamen für Raleigh an: Sie nannte ihn „Water", also Wasser. Cynthia ist ein anderer Name für die Mondgöttin Diana.

Granat-Fächerhalter

Goldener Siegelring

Rubin

Granatstein

Amethyst

Malachit

MIT SCHMUCK BEHÄNGT
Sowohl Männer als auch Frauen bei Hofe kleideten sich äußerst prunkvoll. Sie gaben große Geldsummen für Juwelen aus, mit denen sie ihre Kleidung von den Schuhen bis zur Kopfbedeckung schmückten. Manche Edelsteine hatten eine besondere Bedeutung: So galt z.B. ein zum Halbmond geschliffenes Juwel als Symbol der Unterwerfung unter die „Mondgöttin Elisabeth".

Unterschrift von Elisabeth I.

Unterschrift von Robert Devereux, Graf von Essex

HOCHMUT KOMMT VOR DEM FALL
Königin Elisabeths Favorit in den 1590er-Jahren war Robert Devereux, Graf von Essex (1566–1601). Der hochmütige Graf erachtete die Gunst der Königin als selbstverständlich. 1601 führte er einen erfolglosen Aufstand an und wurde hingerichtet. Shakespeare spielt in seinem Stück *Viel Lärm um nichts* darauf an: „.... wie Günstlinge, / Von Fürstenstolz gemacht, mit Stolz verschatten / Die Kraft, die sie erschaffen. – ... "

KÖNIGLICHER UMZUG
Manchmal ließ sich Elisabeth von ihren Höflingen in einer überdachten Sänfte durch London tragen. So hatten auch die einfachen Bürger Gelegenheit ihre Königin zu sehen. Dieser Holzschnitt aus dem 19. Jh. entstand nach einem Gemälde von Robert Peake aus dem Jahr 1601. Der Maler stellte die damals 68-jährige Königin als schöne junge Frau dar.

Die Stückeschreiber

Ab etwa 1590 wurden auf den Londoner Bühnen überwiegend Stücke einer Gruppe gebildeter, geistreicher junger Männer gespielt, der so genannten „University Wits". Zu ihnen zählten Robert Greene, Thomas Nashe und Christopher Marlowe. Sie schrieben ihre Stücke in reimlosen Versen mit zehn Silben, den Blankversen. Um 1592 war auch Shakespeare ein anerkannter Bühnenautor. Greene griff ihn an und nannte ihn eine vorlaute Krähe und einen Emporkömmling – er verachtete Shakespeare, der keine Universität besucht hatte. Shakespeares Erfolg rührte aber zum Teil gerade daher, dass er „nur" Schauspieler war: Er wusste genau, was auf der Bühne gut wirkte.

SÜSSE RACHE
Als Zuschauer und als Schauspieler lernte Shakespeare Dramen wie Thomas Kyds *Spanische Tragödie* kennen. Kyd (1558–1594) begründete die Rachetragödie, in der ein Mord begangen und grausam gerächt wird. Kyds Werke könnten Einfluss auf Shakespeare gehabt haben, insbesondere auf eines seiner ersten Stücke, die blutrünstige Tragödie *Titus Andronicus*.

Die schräge Oberfläche erleichterte das Schreiben mit der Feder.

BEQUEMER ARBEITSPLATZ
Bevor Kyd Stücke verfasste, arbeitete er als Schreiber. Er saß an einem Pult wie diesem und schrieb Briefe für Leute, die nicht schreiben konnten, oder fertigte Abschriften von Urkunden und Theaterstücken an. Viele Bühnenautoren hatten keine richtigen Schreibtische, sondern schrieben, wo immer sie konnten, z.B. auf Wirtshaustischen.

Eichengalle

TINTENREZEPT
Die schwarze Tinte der damaligen Stückeschreiber bestand aus einer Mischung seltsamer Zutaten. Eichengallen wurden zerstoßen und mit Wasser oder Essig und der Chemikalie grünes Vitriol vermengt. Das Vitriol gewann man, indem man Säure über rostige Nägel goss. Schließlich kam noch Gummiarabikum dazu, der getrocknete Saft von Akazien.

Rostige Nägel

Tintenfass und Schreibfedern (17. Jh.)

> „Nun Faust, laß deinen Blick im Grauen starren
> In dieses weite ew'ge Qualenhaus.
> Hier braten Furien die verdammten Seelen
> Am Spieß, dort sieden sie in Blei die Leiber;"
>
> **CHRISTOPHER MARLOWE**
> Gefallener Engel in *Doktor Faustus*

HANDWERKSZEUG
Alle Gebildeten beherrschten die Kunst, eine Gänsefeder mit dem Federmesser so zuzuschneiden, dass man mit ihr schreiben konnte. Dichter und Schreiber hatten ihr Federmesser immer zur Hand, um den Federkiel bei Bedarf anzuspitzen. Reiche verwendeten Federmesser mit kunstvoll verziertem Halter, einfachere Leute hatten schlichte Messer.

Federn sammelte man auf der Wiese, es gab sie aber auch zu kaufen.

LETZTE WORTE
Als Robert Greene (ca. 1558–1592) seine Hetzschrift gegen Shakespeare verfasste, war er sterbenskrank. Die Schrift wurde nach seinem Tod gefunden und sofort veröffentlicht. Auf diesem Stich schreibt Greene in ein Leichentuch gewickelt – als kämen seine anklagenden Worte aus dem Jenseits.

William Shakespeares Unterschrift

FLOTTER SCHREIBER
William Shakespeare fiel das Schreiben offenbar leicht. Sein „Dichterkollege" Ben Jonson behauptete, Shakespeare habe nie etwas von dem ausgestrichen, was er geschrieben hatte. Der eher bedächtige Jonson legte dies als Nachlässigkeit aus.

Persische Darstellung von Timur auf seinem Thron

Verzierte Federmesser

Doktor Faustus ruft mit Magie den Teufel herbei.

TEUFELSPAKT
Am nachhaltigsten wurde Shakespeare von Marlowe beeinflusst, der oft tragische Helden in den Mittelpunkt seiner Stücke stellte. Einer von ihnen ist Doktor Faustus, ein Gelehrter, der seine Seele dem Teufel verkauft. Von Marlowes Einfluss künden u.a. die ersten Zeilen von Shakespeares frühem Werk *Heinrich VI. 1. Teil*: „Beflort den Himmel, weiche Tag der Nacht!"

MACHTHUNGER
Marlowes erstes Stück *Tamerlan der Große* erzählt die Geschichte von Timur (Tamerlan), einem asiatischen Krieger des 14. Jh.s, den Marlowe schildert „... wie er ... Königreiche geißelt mit des Erob'rers Schwert."

England im Krieg

Zwischen 1585 und 1604 lag das protestantische England mit dem katholischen Spanien unter König Philipp II. im Krieg. Der Krieg ließ in England patriotische Stimmung aufkommen und das Publikum verlangte nach entsprechenden Stücken. So schrieb Shakespeare in den 1590er-Jahren neun Dramen, in denen es um englische Geschichte, Könige, Kriege und Kämpfe um den Thron geht. Ein zentrales Thema ist das Bedürfnis nach Ordnung. Der Krieg, der Umstand, dass die Königin keine Erben hatte, die Gerüchte von katholischen Verschwörungen gegen sie und die drohende Gefahr eines Bürgerkriegs beunruhigten die Engländer.

ENGLANDS FEIND
Philipp II. von Spanien herrschte über ein Reich, zu dem große Gebiete Europas und Amerikas gehörten. Er wollte England katholisieren und seinen Besitzungen einverleiben.

Spanische Galeonen waren höher und schwerer zu lenken als englische Schiffe.

GOTTES WINDE
1588 nahm der Krieg eine für England gefährliche Wendung, als Philipp eine große Kriegsflotte, die Armada, aussandte. Doch die Armada wurde besiegt und auf der Rückfahrt durch Stürme zerstreut. Die Engländer sahen dies als Zeichen dafür an, dass Gott auf ihrer Seite stand.

Heinrich will seinen Thronanspruch vor dem Parlament vorbringen.

BERÜHMTE LETZTE WORTE
In *Richard II.* geht es um den Sturz König Richards II. durch Heinrich Bolingbroke, den späteren König Heinrich IV. In diesem Stück legt Shakespeare Bolingbrokes sterbendem Vater Gaunt seine schönste Lobrede auf England in den Mund: „Dies Volk des Segens, diese kleine Welt, / Dies Kleinod, in die Silbersee gefaßt ... / Der segensvolle Fleck, dies Reich, dies England."

FETTER FALSTAFF
Sir John Falstaff ist ein betrunkener alter Ritter, der sich in Shakespeares zwei Stücken über Heinrich IV. mit dem jungen Prinzen Heinrich anfreundet. Es geht darin um Aufstände gegen Heinrich IV., dem der Mord an Richard II. politisches Unglück bringt. Als neuer König Heinrich V. distanziert sich der Prinz jedoch von Falstaff.

NUR MUT!
In *Heinrich V.*, einem Stück über Englands großen Sieg über Frankreich in der Schlacht bei Agincourt (1415) feuert König Heinrich V. seine Männer an: „Folgt eurem Mut, und bei diesem Sturm / Ruft: ‚Gott mit Heinrich! England! Sankt Georg!'"

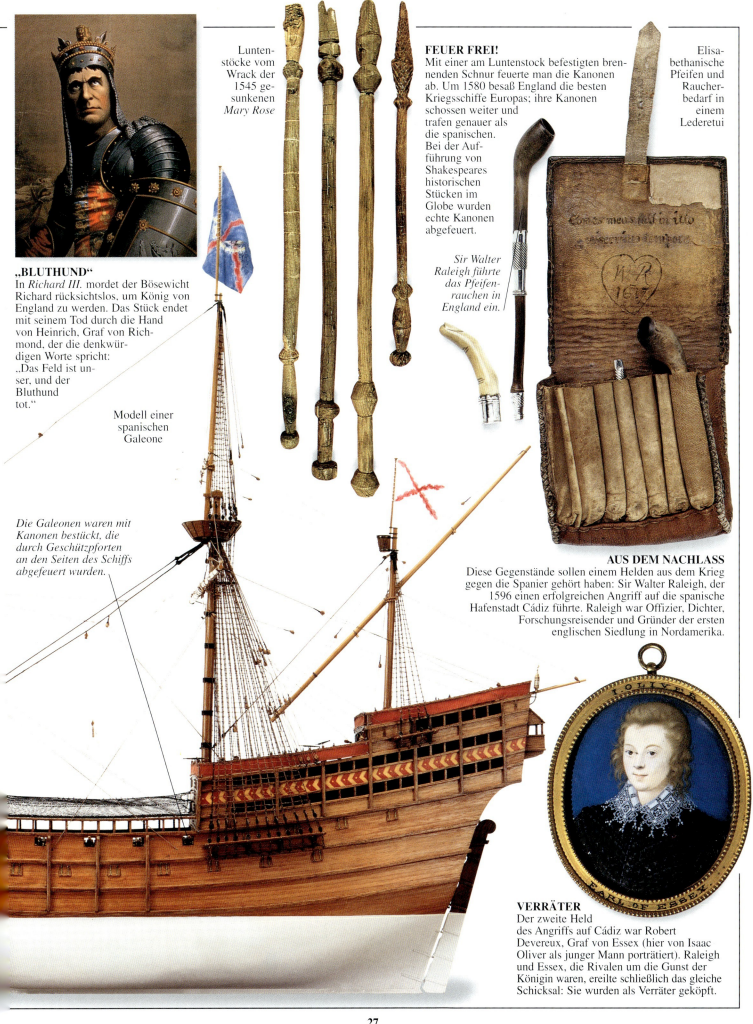

„BLUTHUND"
In *Richard III.* mordet der Bösewicht Richard rücksichtslos, um König von England zu werden. Das Stück endet mit seinem Tod durch die Hand von Heinrich, Graf von Richmond, der die denkwürdigen Worte spricht: „Das Feld ist unser, und der Bluthund tot."

Luntenstöcke vom Wrack der 1545 gesunkenen *Mary Rose*

FEUER FREI!
Mit einer am Luntenstock befestigten brennenden Schnur feuerte man die Kanonen ab. Um 1580 besaß England die besten Kriegsschiffe Europas; ihre Kanonen schossen weiter und trafen genauer als die spanischen. Bei der Aufführung von Shakespeares historischen Stücken im Globe wurden echte Kanonen abgefeuert.

Elisabethanische Pfeifen und Raucherbedarf in einem Lederetui

Sir Walter Raleigh führte das Pfeifenrauchen in England ein.

Modell einer spanischen Galeone

Die Galeonen waren mit Kanonen bestückt, die durch Geschützpforten an den Seiten des Schiffs abgefeuert wurden.

AUS DEM NACHLASS
Diese Gegenstände sollen einem Helden aus dem Krieg gegen die Spanier gehört haben: Sir Walter Raleigh, der 1596 einen erfolgreichen Angriff auf die spanische Hafenstadt Cádiz führte. Raleigh war Offizier, Dichter, Forschungsreisender und Gründer der ersten englischen Siedlung in Nordamerika.

VERRÄTER
Der zweite Held des Angriffs auf Cádiz war Robert Devereux, Graf von Essex (hier von Isaac Oliver als junger Mann porträtiert). Raleigh und Essex, die Rivalen um die Gunst der Königin waren, ereilte schließlich das gleiche Schicksal: Sie wurden als Verräter geköpft.

Pest und Poesie

ÜBERTRÄGER
Die Pest wurde von Flöhen im Pelz von Hausratten verbreitet. Die Ratten wiederum fanden in den schmutzigen Straßen reichlich Nahrung. Zwischen 1592 und 1593 starben ca. 12.000 Londoner an der Pest.

Floh *Hausratte*

Im 16. Jahrhundert waren Ausbrüche der Pest keine Seltenheit. Wie die Krankheit sich ausbreitete, wusste man noch nicht, doch man ahnte, dass es ratsam war, bei Epidemien Menschenansammlungen zu meiden. Die Theater mussten geschlossen bleiben, wenn binnen einer Woche mehr als dreißig Menschen gestorben waren. Zwischen 1592 und 1594 wütete die Pest so schlimm, dass die Theater ganze zwei Jahre lang nicht öffnen konnten. Die Schauspieler verließen London und spielten auf dem Lande. Weil kein Bedarf an neuen Stücken bestand, verlegte Shakespeare sich auf das Schreiben von Gedichten.

Porträt des Grafen von Southampton von Nicholas Hilliard (um 1594)

„Glaubt nicht an Geld, ihr Reichen,
Gold lässt das Übel nicht weichen.
Der Arzt selbst verbleicht.
Jedes Ding sein End erreicht.
Die Pest wird uns verderben;
Ich bin krank und muss sterben:
Herr, erbarm dich unser."

THOMAS NASHE
Summer's Last Will and Testament (1592)

ERNSTE VERSE
Henry Wriothesley, Graf von Southampton, war Shakespeares Mäzen. In der Zeit, als die Theater geschlossen blieben, verfasste Shakespeare zwei lange Gedichte – *Venus und Adonis* und *Tarquin und Lucrezia* –, die er dem Grafen widmete. Ihm lag daran, als Dichter ernst genommen zu werden. Anders als Stückeschreiber genossen Dichter hohes Ansehen.

Lavendel *Salbei* *Majoran* *Rosmarin* *Kauter*

Goldene elisabethanische Duftkugel, mit Edelsteinen besetzt

Jedes Segment enthielt ein anderes Kraut.

MACHT GESTANK KRANK?
London war schmutzig und stank, weil in den Straßen der Abfall verrottete. Viele Bewohner versuchten sich vor der Pest zu schützen, indem sie mit Kräutern gefüllten Duftkugeln bei sich trugen. Man glaubte an einen Zusammenhang zwischen dem Gestank und der Seuche.

ROSSKUREN
Zu Shakespeares Zeiten brannten Ärzte mitunter die Schwellungen, die bei der Beulenpest in Achselhöhlen und Leistenbeuge auftreten, mit einem glühenden Eisen, dem Kauter, aus. Die Behandlung war äußerst schmerzhaft und brachte keine Heilung.

Hüte mit Straußenfedern waren der letzte Schrei.

Tonpfeifen kamen 1586 von Amerika nach England.

EMPFINDLICHE NASEN
Am unangenehmsten waren die üblen Gerüche Londons den eleganten Adligen. Reiche Damen schwenkten beim Gehen eine Duftkugel, und die Herren rauchten Pfeife, in der Hoffnung, der Tabaksqualm könne sie vor der Pest schützen.

Die Skelette stehen für die Seuche.

AUF DER FLUCHT
1592 verließen viele Londoner ihre Stadt aus Furcht vor der Pest. Doch die Seuche „folgte" ihnen; möglicherweise trugen die reisenden Schauspieler sogar zu ihrer Ausbreitung bei. 1593 hatte die Krankheit auch andere Orte erreicht, darunter Shrewsbury, Nottingham, Derby und Leicester.

ZWEIFELHAFTE MITTEL
Im 16. Jh. gab es keine wirksamen Medikamente gegen die Pest. Dennoch verkauften die Apotheker allerlei Mittel dagegen. Kräuter, Öle und andere Zutaten für die Arzneien lagerten sie in Keramikbehältern. In *Romeo und Julia* beschreibt Shakespeare eine Apotheke voller merkwürdiger Dinge, darunter „... Häute von missgestalten Fischen ..." und „... müff'ger Samen ..."

Die Duftkugel hing an einer Kette um die Taille.

Ein adliges Paar

Feinde, Gönner, Nutznießer

Die Beliebtheit der Theater in London rief Feinde dieses Vergnügens auf den Plan. Der Bürgermeister und die Ratsherren sahen große Menschenansammlungen als Gefahr für Recht und Ordnung und versuchten des Öfteren die Schauspielhäuser zu schließen. Hinzu kam, dass viele Beamte Puritaner und damit gegen jegliche Art von Unterhaltung eingestellt waren. Zum Glück hatten die Schauspieler auch einflussreiche Gönner, darunter Elisabeth I. Der Graf von Essex, der Lord Admiral (Großadmiral) und der Lord Chamberlain (Großkämmerer) förderten Schauspieltruppen, die nach ihnen benannt wurden.

MÄCHTIGE MÄZENE
Der Lord Chamberlain Henry Carey (1524–1596) wurde 1594 zum Geldgeber von Shakespeares Theaterensemble. Carey war ein Cousin der Königin und einer ihrer engsten Vertrauten. Mäzen zu sein war ein Zeichen von hoher Stellung und Macht.

AUS DER STADT VERTRIEBEN
Es war verboten, ohne Erlaubnis eines mächtigen Adligen Stücke aufzuführen; wer dieses Gesetz missachtete, wurde wie „Spitzbuben, Vagabunden und hartnäckige Bettler" behandelt: Man brandmarkte ihn am Ohr und trieb ihn mit Peitschenhieben aus der Stadt.

Die Bürger waren es gewohnt, in den Straßen Bestrafungen mit anzusehen.

Ein Bettler wird aus der Stadt vertrieben.

Porträt von Ben Jonson (1572–1637)

SKANDALÖS!
Schauspieler und Stückeschreiber waren trotz mächtiger Mäzene nie ganz sicher vor Anfeindungen. Ben Jonson kam 1597 wegen seines Stücks *Isle of Dogs* sogar ins Gefängnis. Das Stück wurde verboten und nie veröffentlicht, daher wissen wir nicht, was die Obrigkeit daran als so skandalös empfand.

BESCHWERDEBRIEFE
Der Bürgermeister und die Ratsherren waren für Ruhe und Ordnung innerhalb Londons verantwortlich. Auf das, was sich außerhalb der Stadtmauern tat, hatten sie jedoch keinerlei Einfluss. Die Schauspielhäuser lagen nicht im ummauerten Stadtkern; deswegen musste der Bürgermeister sich damit begnügen, den Ministern der Königin Briefe zu schreiben, in denen er eindringlich vor den Gefahren warnte, die die Theater für die Stadt darstellten.

Bürgermeister

Ratsherren

Puritaner trugen meist sehr schlichte Kleidung.

NUR ARBEIT, KEIN VERGNÜGEN
Die Puritaner waren der Ansicht, man solle den ganzen Tag mit Arbeit und Gebet zubringen. Die Theater, die die Leute von beidem abhielten, waren ihnen ein Dorn im Auge.

Manche Zuschauer spendeten den Schauspielern auf der Bühne so begeistert Beifall, dass sie nicht merkten, wie sie unterdessen bestohlen wurden.

KRIMINELLE LEHRLINGE
In London wimmelte es von Dieben, die man Beutelschneider nannte. Viele gehörten organisierten Banden an. In einer Bierschänke in Billingsgate hob man 1585 eine Schule für Beutelschneider aus. Ihr „Direktor", ein ehemaliger Kaufmann namens Wotton, brachte den Jungen mithilfe einer mit Glöckchen versehenen Börse bei, andere unbemerkt zu bestehlen.

Die Jungen lernten den Beutel abzuschneiden, ohne dass es klingelte.

Der Dieb wartete den richtigen Moment ab, um die Bänder der Börse durchzuschneiden.

Durch ihre elegante Kleidung aus teuren Stoffen fielen wohlhabende Theaterfreunde den Dieben besonders auf.

Wer zu Pferd reiste, trug die Hosenbeine in die Stiefel gesteckt.

ACHTUNG, DIEB!
Wenn wohlhabende Herren vom Lande geschäftlich in London zu tun hatten, besuchten sie anschließend oft ein Schauspielhaus. Sie waren sich der Gefahren der Großstadt weniger bewusst als die Londoner, denen bekannt war, dass in den Theatern viel gestohlen wurde. Der Bürgermeister führte auch dies als Grund an, um ihre Schließung voranzutreiben. 1597 schrieb er an den Ministerrat der Königin, die Theater seien Treffpunkte von „Räubern, Pferdedieben und Ränkeschmieden".

Beim Beutelschneiden kam es darauf an, dass der Junge geschickt und schnell vorging.

HEIMLICH, STILL UND LEISE
Beutelschneider nannte man die Diebe, weil sie die Bänder durchschnitten, mit denen die **Beutel an den Gürteln ihrer Besitzer festgebunden waren. Im Theater waren ihre Opfer** vom Geschehen auf der Bühne abgelenkt und standen oft dicht gedrängt. Trotzdem wurden die Diebe mitunter auf frischer Tat ertappt und vom wütenden Publikum verprügelt.

TANZ-WUNDER
Will Kemp (ca. 1560–1603), Gründungsmitglied und Teilhaber der Lord Chamberlain's Men, war ein beliebter Komiker, der am Ende eines jeden Stücks tanzte. Kemp war ein richtiges Energiebündel: Im Jahr 1600 legte er die Strecke von London nach Norwich – über 160 km – in neun Tagen tanzend zurück!

The Lord Chamberlain's Men

Als die Londoner Theater 1594 nach zweijähriger Spielpause wieder öffneten, schloss sich Shakespeare einer neuen Truppe an, die sich The Lord Chamberlain's Men nannte. Für sie schrieb er pro Jahr etwa zwei Stücke und wirkte auch auf der Bühne mit. Die Truppe trat im Theatre im Norden Londons auf, das James Burbage gehörte. Sein Sohn Richard war der Star der Truppe und Cuthbert, ein weiterer Sohn, leitete das Unternehmen. Shakespeare war einer von mehreren Teilhabern, die Geld investierten, mit dem Kostüme, Material und Löhne von Schauspielern und Helfern bezahlt wurden; dafür stand ihm ein Anteil am Gewinn zu.

GEWANDTER FECHTER
William Sly (gestorben 1608) war wie Shakespeare Mitglied und Teilhaber der Lord Chamberlain's Men. Er konnte gut mit dem Degen umgehen und spielte oft feurige junge Männer wie den Heinrich Percy (Heißsporn) in *Heinrich IV. 1. Teil* oder den Tybalt in *Romeo und Julia*.

Oft wurden die Kostüme von Mitgliedern der Truppe selbst hergestellt.

Nach der Vorstellung wurde das Theater von einem Bühnenarbeiter ausgefegt.

ANGEHEUERTE HELFER
Die Truppe stellte auch Lohnarbeiter ein. Diese hissten die Fahne des Theaters, stellten Requisiten auf, feuerten die Kanone ab und hielten Galerien und Hof sauber. Außerdem mussten sie die Bühnenmaschinen bedienen, darunter die Winde, an der die Schauspieler, die Engel oder Götter darstellten, vom „Himmel" herabgelassen wurden.

Nicht benötigte Kostüme und Requisiten lagerten in Körben.

GENIALER MIME
Seine größten tragischen Rollen schrieb Shakespeare für Richard Burbage (oben; 1568–1619), der sich vollkommen in die jeweilige Figur hineinversetzen konnte. Der Autor Richard Flecknoe meinte, Burbage lege die eigene Persönlichkeit mit seinen Alltagskleidern ab und werde erst nach Ende des Stücks wieder er selbst.

RICHARDS RIVALE
Edward Alleyn (1566–1626), der Star der Lord Admiral's Men, war der einzige ernsthafte Rivale Richard Burbages. Er wurde als Darsteller von Marlowes Helden Doktor Faustus und Tamerlan bekannt. Thomas Nashe schrieb, kein Schauspieler habe „Ned Allen" im Spiel je übertroffen.

Auf dem Tisch wurden Kostüme geschneidert und für neue Stücke geändert.

HINTER DEN KULISSEN
Wer heute das Globe in London besucht, kann dort einen Raum besichtigen, der als Garderobe aus Shakespeares Zeiten eingerichtet ist. Damals wurden Kostüme, Perücken und Requisiten in der Garderobe aufbewahrt, zugleich diente sie als Kostümschneiderei und natürlich auch zum schnellen Wechsel der Kostüme zwischen den Szenen.

Der Garderobier begutachtet eine neue Perücke.

Kleid, das ein Junge für eine Frauenrolle anziehen wird

KOSTÜMPFLEGE
Der Garderobier wachte über den kostbarsten Besitz der Truppe: die Kostüme. Manche wurden bei Londoner Schneidern in Auftrag gegeben, andere von der Truppe selbst hergestellt, und wieder andere waren Geschenke von Höflingen, die ungern zwei Mal in derselben Kleidung gesehen werden wollten.

Der Bau des Globe

Das Theatre musste 1597 schließen. Es war auf gepachtetem Land erbaut worden und der Vertrag war abgelaufen. Der Grundstückseigentümer wollte ihn nicht verlängern, da er vorhatte das Theater für sich zu behalten und dessen wertvolles Eichenholz wieder zu verwenden. Richard und Cuthbert Burbage suchten daher verzweifelt nach einer neuen Spielstätte für ihre Truppe. Sie pachteten ein Stück Land am Südufer der Themse und ließen um Weihnachten 1598 herum das Theatre abreißen. Das so gewonnene Baumaterial transportierten sie mit Booten über die Themse und ließen daraus ein neues Theater errichteten, das Globe.

Die Bühne des Globe, von George Cruikshank 1863 mit viktorianischen Kulissen und Vorhängen gemalt

Runde Zapfen und Verbindungen

Vierkantige Zapfen und Verbindungen

ABRISS
Die Holzbalken des Theatre waren mit Zapfen verbunden, sodass man sie mit Hämmern auseinander schlagen konnte. Die unversehrten Balken wurden am neuen Standort wieder zusammengefügt und bildeten das Rahmenwerk des Globe.

FACHWERK
Nachdem das Rahmenwerk aus Holz fertig gestellt war, wurden die Fächer ausgefüllt, und zwar meist mit einem Geflecht aus Haselruten, auf das man ein Gemisch aus Lehm, Kalk, Stroh, Rosshaar und Mist auftrug. Auch dünne Holzstreifen mit einem Verputz aus Kalk, Rosshaar und Sand dienten zum Ausfüllen.

ETWAS ALTES, ETWAS NEUES
Geschickte Handwerker verzierten das Innere des Globe mit prächtigen Schnitzereien. Auch die Säulen auf der Bühne wurden so bemalt, dass sie wie Marmor aussahen. Die Burbages wollten, dass ihr neues Theater das alte an Schönheit übertraf.

Ahlen zum Bohren kleiner Löcher

Hippe zum Schneiden und Hacken

Holzbohrer

Hammer

Breitbeil

Handsäge

Beitel

Logen für betuchte Zuschauer

Sitzbänke auf der Galerie

Versenkung (Raum unter der Bühne)

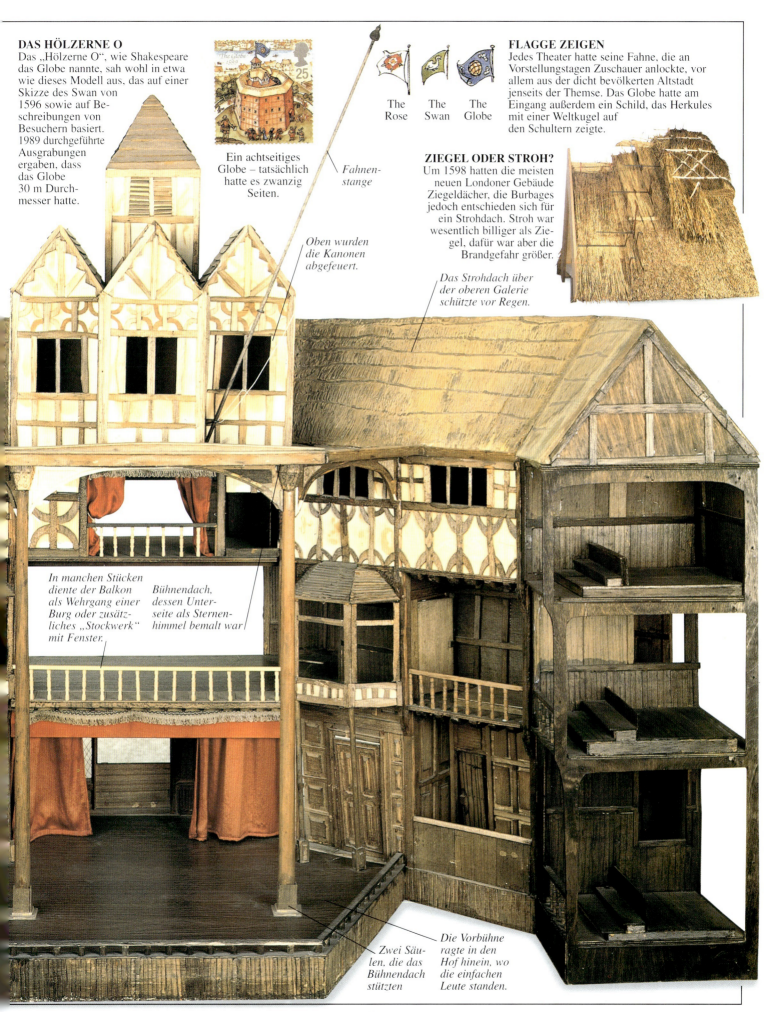

In Szene gesetzt

Im Globe wurde nachmittags bei Tageslicht gespielt. Es gab nur wenige Kulissen, dafür aber einige fantastische Spezialeffekte. Engel und Götter schwebten an Seilen vom „Himmel" herab, Teufel und Geister stiegen durch Falltüren auf die Bühne empor. Philip Henslowe, der Besitzer des Rose, hatte „ein Gerüst fürs Köpfen", mit dem die Enthauptung eines Menschen vorgetäuscht wurde. Im hinteren Bühnenbereich gab es einen Raum, der durch Vorhänge abgeteilt war. Er diente für Szenen, in denen jemand überraschend „entdeckt" werden sollte, z.B. ein Lauscher oder ein Schlafender – man zog dafür nur die Vorhänge auf.

Einen Regisseur gab es nicht. Die Schauspieler erarbeiteten das jweilige Stück gemeinsam.

DIE BÜHNE DES SWAN
Ein holländischer Besucher namens Johannes de Witt fertigte 1596 eine Skizze des Swan; sie ist die einzige zeitgenössische Darstellung einer Bühne aus Shakespeares Zeit. Als Requisit steht hier eine Bank auf der Bühne.

KRIEGSSPIELE
Wenn die Darsteller in Rüstungen und mit Schwertern auf die Bühne stürmten, wusste das Publikum, dass eine Schlacht im Gange war. Trugen sie Leitern wie in *Heinrich V.*, so handelte es sich um eine Belagerung. Bei Kampfszenen, auch solchen, die im alten Rom spielten, benutzten die Schauspieler neueste Waffen und Rüstungen.

„SPICKZETTEL"
Der Plot oder Handlungsablauf – hier von einem Stück, das 1590/91 im Theatre gespielt wurde – hing hinter der Bühne. Er listete die Szenen und die Auf- und Abtritte der Figuren auf. Die Schauspieler mussten ihn während der Aufführung zu Rate ziehen, weil sie nie das ganze Stück kannten: Jeder bekam nur den Text seiner jeweiligen Rolle.

„Unsere Statuen und unsere Götterbilder ... Unsere Riesen, Ungeheuer, Furien, Bestien, Schreckgespenster, Unsere Helme, Schilde und Visiere, Haare, Bärte, Unser Marzipan aus Pappmaschee und unsere hölzernen Pasteten ..."

RICHARD BROME
Requisitenliste in *The Antipodes*

Sturmhaube (spanischer Helm)

Mit dem Rapier wurde gefochten.

Den Dolch zog man mit der linken Hand.

Das Rapier steckte in einer Scheide am Gürtel.

BLUTLACHEN
Damit Mord- oder Hinrichtungsszenen realistisch wirkten, benutzte man Schweine- oder Schafsblut. In dem Stück *The Rebellion of Naples* wurde einem Darsteller z.B. ein künstlicher Kopf abgeschnitten. Die Kopfattrappe enthielt eine Schweinsblase voller Blut, das dabei über die ganze Bühne spritzte.

ÜBERZEUGENDER EFFEKT
Ein „Geköpfter" wurde mithilfe zweier Schauspieler und eines speziellen Tisches dargestellt. Das Ganze wurde im hinteren Bühnenbereich in einem mit Vorhängen abgeteilten Raum arrangiert. Wurden die Vorhänge beiseite gezogen, so entdeckte das Publikum den scheinbar enthaupteten Mann.

ÄRGER AM GRAB
Die Falltür auf der Bühne ermöglichte es den Schauspielern, plötzlich zu erscheinen oder zu verschwinden, und diente auch als Grab. In dieser Szene aus einer *Hamlet*-Aufführung im heutigen Globe ist es das Grab Ophelias. Hamlet und Ophelias Bruder Laertes sind von Kummer überwältigt ins Grab gesprungen, wo sie zu kämpfen beginnen und getrennt werden müssen.

Kerzen wurden oft von Schauspielern in Nachthemden getragen.

REQUISITEN
Da es kaum Kulissen gab, waren die Requisiten umso wichtiger. Schädel z.B. kamen zum Einsatz, wenn in Stücken über den Tod gesprochen wurde. Für die Historienstücke, in denen um den Thron gekämpft wurde, war eine Krone unentbehrlich. Kerzen auf der Bühne zeigten an, dass die Szene nachts spielte.

Schädel (u.a. für *Hamlet*)

Königskrone

Beide Schauspieler steckten ihre Köpfe durch Löcher im Tisch.

Die Krause legte man um, nachdem der Mann den Kopf durch das Loch geschoben hatte.

Ein Vorhang verhüllte, was sich unter dem Tisch befand.

Der Schauspieler durfte sich nicht bewegen oder zwinkern.

Musik und Tanz

Zu Shakespeares Zeiten wurde in England viel musiziert, am königlichen Hof ebenso wie in Bauernkaten. Viele Leute spielten ein Instrument und Arbeiter wie z.B. Handwerker pflegten bei der Arbeit zu singen. Daher erwarteten die Leute auch im Schauspielhaus gute Musik zu hören. Wie in modernen Filmen diente die Musik auch im Theater dazu, Atmosphäre zu schaffen: So ertönten bei Schlachtszenen Trompeten und Trommeln. In Shakespeares Stücken schreiben über 300 Bühnenanweisungen die Musik genau vor und er verfasste über siebzig Lieder, die von den Darstellern gesungen werden sollten.

Ein Junge begleitet mit seiner Viola einen munteren Tanz (Ende 16. Jh.)

EDLE GABE
Dieses Instrument wurde 1580 von dem Instrumentenbauer John Rose erfunden. Er benannte es nach Orpheus, einem Sänger aus der griechischen Mythologie. Sein erstes Orpharion schenkte er der musikbegeisterten Königin Elisabeth I.

Drahtsaiten

Korpus aus Walnussholz mit Einlegearbeit aus Perlen und Rubinen

Orpharion (16. Jh.)

HÜPFEN UND SCHREITEN
Die Gaillarde war ein höfischer Tanz mit lebhaften Hüpfern und Sprüngen, bei der Pavane dagegen wurde würdevoll geschritten. Mit langen gleitenden Schritten bewegten sich Damen und Herren vor- und rückwärts, verbeugten sich und knicksten. Das einfache Volk vergnügte sich mit weniger formellen Tänzen, z.B. mit dem Moriskentanz, für den man sich Glöckchen an die Beine band.

Triangel *Laute*

Ein Paar tanzt die Gaillarde (gemalt von dem Flamen Hieronymus Francken d. Ält., 1540–1610)

Serenade vor Silvias Fenster von John Gilbert (um 1860)

LIEBESWERBEN
In *Die beiden Veroneser* beauftragt Thurio Musikanten, seiner angebeteten Silvia ein Ständchen zu bringen. Sie spielen eines von Shakespeares zahlreichen Liebesliedern: „Wer ist Silvia?" Ein Musikstück, das unter dem Fenster einer Frau gespielt wird, um ihr Herz zu gewinnen, nennt man auch Serenade.

TÄNZE DER CLOWNS
Mit Flöte und Tamburin wurden die sog. Gigues begleitet, die Tänze der Clowns, die den Abschluss der Vorführungen bildeten.

Flöte

TANZMUSIK
Die Viola wurde wie eine Geige mit einem Bogen gestrichen. In *Was ihr wollt* wird sie von dem prahlerische Junker von Bleichenwang gespielt.

Die Schalmei ist ein Holzblasinstrument, ähnlich der Oboe.

Die Pfeifen erzeugten einen einzigen ununterbrochenen Ton.

Zweite Bordunpfeife

Schalmei

UNHEIMLICHE STIMMUNG
Die Klänge der Schalmei nutzte Shakespeare, um in seinen Tragödien eine beängstigende Atmosphäre zu schaffen, z.B. bevor ein Geist auf der Bühne erschien.

Stich von Crispin de Passe (16. Jh.)

LIEBESLAUTE
Lauten wurden häufig von Männern gespielt, die um eine Frau warben. In *Der Widerspenstigen Zähmung* will Petruchio der halsstarrigen Katharina das Lautenspielen beibringen, was damit endet, dass sie das Instrument auf seinem Kopf zerschlägt.

Mundstück

Viola (17. Jh.)

DUDELSACKTÖNE
Zu Shakespeares Zeiten war der Dudelsack in England sehr beliebt; er wurde vor allem zu Volkstänzen gespielt. In *Heinrich IV. 1. Teil* fühlt sich Falstaff so traurig wie „... das Geschnarre eines Lincolner Dudelsacks ..."

Windsack aus Leder

Auf der Spielpfeife wurden die Töne gegriffen.

Dudelsack

Klassische Laute

Die Schafsdarmsaiten wurden mit den Fingern gezupft.

„[wir] ... lassen die Musik Zum Ohre schlüpfen ..."

WILLIAM SHAKESPEARE
Lorenzo in *Der Kaufmann von Venedig*

BERUHIGENDE WIRKUNG
Die Laute ist ein Saiteninstrument, das beim Zupfen zarte Töne hervorbringt. Viele von Shakespeares Zeitgenossen glaubten, ihre sanften Klänge besäßen Heilkraft. In *König Lear* wird der wahnsinnige König mit Musik beruhigt – möglicherweise mit der einer Laute.

Kleider und Kostüme

Zu Shakespeares Zeiten kleideten sich die Schauspieler stets im Stil ihrer Epoche. Die Mode spielte damals eine große Rolle. Edelmänner und -frauen wandelten in prächtigen Gewändern umher, die wattiert und durch Gerüste gestützt waren und Schlitze hatten, unter denen wieder andere Stoffe und Farben sichtbar wurden. Es herrschte eine strenge Kleiderordnung, die dafür sorgte, dass die Kleidung zugleich Ausdruck des Ranges war. So durften z.B. Personen von niedrigerem Stand als ein Baron keine Stoffe mit Silber tragen. Wer dagegen verstieß, wurde an den Pranger gestellt. Nur die Schauspieler auf der Bühne durften sich als Adlige verkleiden.

Handschuhe aus Leder und Satin

DUFTENDE HANDSCHUHE
Die Damen trugen mit Moschus und Ambra parfümierte Handschuhe. In *Viel Lärm um nichts* sagt Hero: „Diese Handschuhe schickte mir der Graf, es ist der lieblichste Wohlgeruch."

Halskette aus Diamanten und Amethyst (17. Jh.)

GESCHMÜCKT VON KOPF BIS FUSS
Die Damen schmückten sich mit Ketten, Ringen und Ohrringen. In ihre Kleider und Halskrausen ließen sie Diamanten und Perlen nähen und auch Haar und Schuhe wurden damit dekoriert. Die Schauspieler in Frauenrollen trugen billigen Glasschmuck, denn die Edelfrauen stellten ihre wertvollen Juwelen nicht zur Verfügung.

Mit Rosshaar ausgestopfte Ärmel

Halskrause aus Spitze

AUFGEPLUSTERT
Im späten 16. Jh. trugen reiche Damen ausladende Kleider mit gewaltigen ausgestopften Ärmeln. Es galt die Regel: je höher der Rang, desto sperriger das Kleid. Mit dem hier gezeigten Kleid kam die Dame allenfalls seitlich durch eine Tür.

Elizabeth Buxton, gemalt von Robert Peake (um 1589)

Der Rock liegt auf einem Reifrock auf.

MODE AUF DER BÜHNE
In modernen Inszenierungen von Shakespeare-Stücken sind die Kostüme den verschiedensten historischen Epochen entlehnt. Diese Entwürfe aus den 1920er-Jahren für eine Inszenierung von *Wie es euch gefällt* sind im Stil des frühen 16. Jh.s gehalten, aber das Stück wurde auch schon in viktorianischen (spätes 19. Jh.) oder modernen Kostümen gespielt. Zu Shakespeares Zeiten kleideten sich die Schauspieler gern extravagant – ein weiterer Grund für die Zuschauer ins Theater zu strömen.

DER LETZTE SCHREI

Unter Königin Elisabeth I. wurde die Herrenmode sehr extravagant. Die in den 1560er-Jahren aufgekommenen Halskrausen wurden immer breiter. An Hüften und Schultern war die Kleidung gepolstert, damit die Taille schlanker wirkte. Aufwändig waren auch die Beinkleider: Zuoberst trug der feine Herr eine gepolsterte Melonenhose, darunter eine Kniehose und dazu lange Strümpfe.

Krause aus gestärktem Leinen

Mit der großen Krause wirkte der Kopf, als liege er auf einem Teller.

Wams, zur Gänsebrust ausgestopft

Melonenhose

Jeder Herr von Rang trug einen Degen.

Kniehose

Strümpfe

Ein feiner Herr aus den 1580er-Jahren, als die Krausen am breitesten waren

Ein feiner Herr aus den 1590er-Jahren, als wieder kleinere Krausen Mode waren

Herrenhut

Knabenhut

HUT AB!

Bei jungen Männern waren mit Straußenfedern verzierte Hüte beliebt, die sie mit großer Geste abnahmen, wenn sie sich verbeugten. In *Hamlet* schwenkt ein Hofmann namens Osrick so lange den Hut, bis Hamlet sagt: „Eure Mütze ist an ihrer Stelle: sie ist für den Kopf."

EHER PRAKTISCH

Weniger betuchte Männer kleideten sich nicht in Samt und Seide, sondern in einen billigeren Wollstoff. Sie trugen meist nur eine einfache Kniehose über den Strümpfen. Auch sie hatten Halskrausen, deren Größe aber nicht der neuesten Mode entsprach.

GUT BESCHUHT

Diesen Schuhlöffel aus Horn schmückt die Abbildung eines modisch gekleideten Herrn. Dass ein Herr von Rang die richtigen Schuhe trug, war ebenso wichtig wie die Wahl der passenden Krause.

Der Knabenschauspieler

Zu Shakespeares Zeiten durften nur Männer auf der Bühne auftreten, deshalb wurden die Frauenrollen von jungen Männern unter zwanzig gespielt, die man Knabenschauspieler nannte. Mitunter mussten sie als Männer verkleidete Frauen darstellen. Rosalinde, die Heldin aus *Wie es euch gefällt*, flieht als Mann namens Ganymed verkleidet in den Wald, wo sie Orlando begegnet, in den sie verliebt ist. Dieser will mit ihr – in ihrer Verkleidung als Ganymed – das Werben um seine Angebetete einüben, die keine andere als Rosalinde selbst ist. Der Junge in der Rolle der Rosalinde muss also eine Frau spielen, die vorgibt ein Mann zu sein, der eine Frau spielt!

EINE FRAU ALS FRAU
Im Film *Shakespeare in Love* spielt Gwyneth Paltrow eine Frau, die sich als Junge verkleidet, weil sie Theater spielen möchte. Als sie die Julia spielt, springt ein erboster Zuschauer auf die Bühne und ruft: „Diese Frau ist eine Frau!"

Der Rock wird über den Reifrock gebreitet.

Durch festes Schnüren bekommt der Junge eine schmale Taille.

1 DAS ERSTE ZUERST
In der Theatergarderobe bereitet sich ein Junge auf seinen Auftritt als Rosalinde in *Wie es euch gefällt* vor. Seine Verwandlung beginnt damit, dass er den Unterrock überstreift.

Der Unterrock schützt den Oberkörper vor den steifen Stoffen des übrigen Kostüms.

2 HELFENDE HÄNDE
Als Nächstes wird das enge Mieder angelegt. Der Garderobier schnürt es am Rücken des Jungen fest zu.

3 HERAUSRAGEND!
Nun steigt der Junge in den Reifrock, den der Garderobier anschließend an seiner Taille befestigt. Auf diesem „Gestell" liegt später der Rock auf.

Trommelreifrock

4 ROCK ÜBER REIF
Der Garderobier hilft dem Jungen in einen bestickten Rock, der später unter dem vorderen Schlitz des Kleides sichtbar ist.

WEIBLICHE FORMEN
Ausladende Hüften waren ein modisches Muss, das ein Gestell von Reifen aus Walknochen, Holz oder Draht erforderte; daneben gab es noch das ausgestopfte Hüftpolster. Dank dieser Accessoires wirkten die Knabenschauspieler überzeugend weiblich.

Hüftpolster

Glockenreifrock

Trommelreifrock

Falsche und echte Frauen

Ein Knabenschauspieler brauchte zum Ankleiden die Hilfe des Garderobiers. Wenn er eine Edelfrau spielen sollte, trug er oft Kleider, die tatsächlich einmal einer Edelfrau gehört hatten. Mit Reifrock, Kleid, Schminke und Perücke ausstaffiert betrat er dann die Bühne. Englische Reisende wunderten sich, wenn sie im Ausland „echte" Frauen in Frauenrollen auf der Bühne sahen.

„... Wäre ich eine Frau, so wollte ich so viele von euch küssen, als Bärte hätten, die mir gefielen ..."

WILLIAM SHAKESPEARE
Rosalinde in *Wie es euch gefällt*

Mörser und Stößel · Blei · Zinn · Talk · Grüne Feige

Vornehme Blässe

Blasse Haut galt als Zeichen von Vornehmheit, denn die Leute, die viel im Freien arbeiten mussten, hatten von der Sonne gebräunte Haut. Als Merkmal von Schönheit galten rosige Wangen. Wenn Knabenschauspieler z.B. Hofdamen spielten, benutzten sie die gleiche Schminke wie Edelfrauen.

PAPPIGE PASTEN
Für die weiße Gesichtsgrundierung gab es verschiedene Rezepte. So vermengte man z.B. Talk und Zinn und brannte die Mischung drei Tage lang im Ofen. Die Asche wurde zusammen mit grünen Feigen und Essig im Mörser zerstoßen. Für ein anderes Rezept nahm man giftiges Blei.

FARBTUPFER
Rouge stellte man her, indem man Wurzeln der Färberröte oder das Mineral Zinnober zerrieb. Das rote Pigment, Zinnoberrot genannt, wurde auf Wangen und Lippen aufgetragen.

Zinnober

Rosalindes Kleid ist eines der wertvollsten Kostüme in der Garderobe.

Wattierte Ärmel

Platte versteifte Vorderfront, Blankscheit genannt

Aufwändig geprägter Satin

Fächer waren für Knabenschauspieler wichtige Requisiten.

5 GEHEN WIE EINE DAME
Das Kleid wird über die Unterkleidung gezogen und der Junge schlüpft in Schuhe mit Absätzen. Sie bleiben unter dem langen Rock verborgen und helfen dem jungen Schauspieler sich auf der Bühne wie eine elegante Dame zu bewegen.

6 ROSALINDE TRITT AUF
Mit Schminke, Perücke und einer kleinen Halskrause ist die Verwandlung des Knabenschauspielers in eine Frau vollendet. Nun kann er als Rosalinde auftreten und sagen: „Liebe Celia, ich zeige mehr Fröhlichkeit, als ich in der Gewalt habe ..."

Das Publikum

Theaterbesuche wurden im späten 16. Jahrhundert zum beliebtesten Vergnügen der Londoner. Manchmal fanden sich bis zu 3000 Leute aus allen Gesellschaftsschichten zu einer Aufführung ein. Näherinnen, Soldaten, Seeleute, Lehrlinge und Diener standen Seite an Seite im überfüllten Hof. Ausländer auf der Durchreise, Rechtsgelehrte und Kaufleute saßen auf den Galerien, und reiche Adlige belegten die Logen nahe der Bühne, wo ihre prachtvollen Gewänder gut zur Geltung kamen.

AUF DER GALERIE
Diese Zeichnung des Globe aus dem frühen 19. Jh. zeigt Zuschauer auf der untersten Galerie, die sich eine Aufführung von *Heinrich IV.* ansehen.

ZUM KNABBERN
In den Theatern wurden Äpfel und Birnen als Imbiss verkauft. Die Sorten wechselten je nach Jahreszeit. Als Erstes kamen die Juniäpfel, die schon zum Johannistag (24. Juni) reif waren. Eine andere Sorte nannte man Johannesäpfel, weil man sie bis zum Johannistag des folgenden Jahres lagern konnte.

SCHALENTEPPICH
Archäologen entdeckten 1988 und 1989, dass die Höfe der Theater Rose und Globe von Haselnussschalen bedeckt waren. Die Schalen waren mit Asche vermischt und als Bodenbelag verwendet worden. Ein Teil der Nussschalen stammte wohl auch von Zuschauern, die Nüsse knabberten.

GESCHÄFT UND VERGNÜGEN
Die Apfelverkäuferinnen waren über die großen Menschenansammlungen in Theatern wie dem Globe hocherfreut. Sie gingen mit ihren Körben voller Äpfel und Birnen durch den Hof und die Galerien. Hier fanden sie reichlich hungrige Kunden, die ihnen ihre Früchte abkauften, und nebenher konnten sie sich das Stück ansehen.

Wenn die Theater geschlossen waren, bangten die Apfelverkäuferinnen um ihre Existenz.

Williamsbirnen

Meist wurden Cox Orange aus den Obstgärten von Kent angeboten.

Cox Orange

Äpfel wurden auch als Gabe für Edelfrauen gekauft.

Die Zuschauer im Hof störten die Schauspieler manchmal durch Zwischenrufe und warfen mit Äpfeln, wenn das Stück sie langweilte.

SCHÄBIGE VOGELSCHEUCHEN
Von den Wohlhabenderen im Publikum wurden die Zuschauer im Hof mit wenig schmeichelhaften Spitznamen bedacht; so nannte man sie wegen ihres schäbigen Aussehens „Vogelscheuchen" und wegen ihres Geruchs „Stinker". Sie waren schmutzig und Umstehende beklagten sich laut über ihren Mundgeruch.

Unter den „Stinkern" kam es häufig zu Prügeleien, und wenn sie randalierten, waren nicht einmal die Schauspieler auf der Bühne sicher.

„Euer Stinker hat die gleiche Freiheit, in seinem Tabaksqualm dort zu stehen, wie Euer süßer Höfling."
THOMAS DEKKER
The Gull's Hornbook (1609)

Anderen Theaterbesuchern zufolge stanken die Leute im Hof nach Knoblauch und Zwiebeln.

Knoblauchzehen

Geld trug man in einem Beutel am Gürtel, weil die Kleidung keine Taschen hatte.

Trinkhumpen waren meist aus Zinn oder Holz.

THEATERDIEBE
Die Theaterbesucher liefen Gefahr von Beutelschneidern bestohlen zu werden. Im überfüllten Hof hatten es die Diebe am leichtesten. Manche verkleideten sich sogar als feine Herren, um auf den Galerien gut gefüllte Beutel zu stehlen.

STIMMUNGSMACHER
Die Leute im Hof tranken Bier aus Humpen wie diesem, während die Zuschauer auf den Galerien Wein bevorzugten. Shakespeares Figuren trinken in mehreren Stücken spanischen Sherry. In *Die lustigen Weiber von Windsor* sagt Sir John Falstaff, dass er, wenn er tausend Söhne hätte, sie alle lehren würde dem Sherry eifrig zuzusprechen.

EINTRITTSPREISE
Der Stehplatz im Hof kostete 1 Penny. Für 2 Pennys bekam man einen Sitzplatz auf der Galerie und für 3 Pennys einen Sitz mit Kissen in der Loge.

Im Rose gefundene Münze

Shakespeares Komödien

Zu Shakespeares Zeiten war eine Komödie einfach nur ein heiteres Stück mit glücklichem Ausgang. In den 1590er-Jahren schrieb Shakespeare zehn Komödien, deren Handlungen er größtenteils von alten Liebesgeschichten übernommen hatte. Er hatte eine Vorliebe für Geschichten, in denen die jungen Liebenden elterliche Verbote oder lustige Missverständnisse überwinden müssen, bevor sie heiraten dürfen. Sie müssen auf Reisen gehen, sich verkleiden oder von zu Hause weglaufen und sich in den Wäldern verstecken. Zum Schluss aber wird stets alles gut. *Die beiden Veroneser* endet z.B. mit den Vorbereitungen für eine Doppelhochzeit der beiden Titelhelden.

EIN PFUND FLEISCH
In *Der Kaufmann von Venedig* fordert der Geldverleiher Shylock vor Gericht ein Pfund Fleisch vom Körper des Kaufmannes Antonio, das er ihm versprochen hat, falls er seine Schulden nicht zahlen kann. Portia verteidigt, als Rechtsgelehrter verkleidet, Antonio mit dem Argument, Shylock habe zwar ein Anrecht auf das Fleisch, jedoch auf keinen Tropfen Blut.

LIEBE UND EHE
Obwohl sich Shakespeares Zeitgenossen für Liebesgeschichten begeisterten, heiratete man im wirklichen Leben nur selten aus Liebe. Besonders in den oberen Schichten ging es bei Eheschließungen vor allem um Geld und sozialen Rang.

FREIHEIT IM WALDE
Rosalinde aus *Wie es euch gefällt* wird vom Hof verbannt und zieht sich in den Wald von Arden zurück – so wie es auch der melancholische Edelmann Jacques tut. Dieser findet Gefallen daran, sich mit Rosalindes Narr Probstein zu unterhalten, der seine unkonventionelle Weltsicht teilt.

Jacques   Probstein

Bei geschlossenem Anhänger liegen die Gesichter einander wie beim Küssen gegenüber.

Anhänger mit Miniaturen von Nicholas Hilliard (16. Jh.)

HAPPYEND FÜR ALLE
Valentin, der Held aus *Die beiden Veroneser*, wird wegen seiner Liebe zur Tochter des Herzogs aus Mailand verbannt. Gesetzlose, die ihn im Wald gefangen nehmen, sind von ihm so beeindruckt, dass sie ihn zu ihrem Anführer machen wollen. Am Ende findet Valentins Liebe Erfüllung und die Gesetzlosen finden Gnade.

REINGEFALLEN!
Falstaff, der alte Schurke aus den Historienstücken, taucht in *Die lustigen Weiber von Windsor* wieder auf. Er schickt an zwei dieser „Weiber" Liebesbriefe in der Hoffnung, an ihr Geld zu kommen, doch die Frauen durchschauen sein Spiel und sinnen auf Rache. In einer Szene versteckt sich Falstaff in einem Wäschekorb und wird in einen Graben gekippt.

MAGISCHER SCHABERNACK
Das Stück *Ein Sommernachtstraum* spielt in einem Zauberwald, in dem Oberon und Titania als König und Königin der Elfen herrschen. Weil Oberon wütend auf Titania ist, befiehlt er dem Kobold Puck, der Schlafenden Saft in die Augen zu träufeln, durch den sie sich in den Ersten verliebt, den sie beim Aufwachen sieht. Der „Auserwählte" ist Zettel, dem Puck einen Eselskopf angezaubert hat.

Da Malvolio gewöhnlich sehr ernst ist, nimmt Olivia an, er sei verrückt geworden, weil er sie ständig anlächelt.

Malvolio möchte gern Graf Malvolio werden.

Zettel mit dem Eselskopf

Oberon behebt Titanias Verwirrung mit dem Saft einer Pflanze.

Wermut (*Artemisia absinthium*)

Malvolios Name bedeutet „Übles will ich".

Für die Szene mit Olivia wird Malvolio möglichst lächerlich ausstaffiert.

ERZIEHUNG ZUR GUTEN EHEFRAU
Das Plakat wirbt für eine Filmversion von *Der Widerspenstigen Zähmung* (1929), der am wenigsten romantischen von Shakespeares Komödien. Petruchio will Katharina, die er nicht liebt und die für ihre böse Zunge bekannt ist, ihres Geldes wegen heiraten. Im Stück geht es darum, wie er sie „zähmt", d.h. sie zu einer gehorsamen Gattin macht.

Petruchio

LIEBESTOLL
Malvolio aus *Was ihr wollt* ist der eingebildete Haushofmeister der schönen und reichen Gräfin Olivia. Witzbolde schicken ihm einen angeblich von Olivia stammenden Liebesbrief, in dem sie ihm befiehlt gelbe Strümpfe zu tragen und sie ununterbrochen anzulächeln. Malvolio befolgt die Anweisungen so lange, bis er als Verrückter eingesperrt wird.

Olivia schwört, aus Trauer um ihren toten Bruder sieben Jahre lang einen Schleier zu tragen.

Olivia

Malvolio, die wichtigste Figur der komischen Nebenhandlung in Was ihr wollt

> „Elfen, sprengt durchs ganze Haus Tropfen heil'gen Wiesentaus! ... Friede sei in diesem Schloß, Und sein Herr ein Glücksgenoß!"
>
> **WILLIAM SHAKESPEARE**
> Oberon in *Ein Sommernachtstraum*

The King's Men

Der Speer aus Shakespeares Namens

Königin Elisabeth I. starb am 24. März 1603 und die Krone ging an Jakob VI. von Schottland über, ihren nächsten männlichen Verwandten. Am 25. Juli 1603 wurde er zu Jakob I. von England gekrönt und begründete damit die Dynastie Stuart. Jakob fühlte sich in London nicht wohl und misstraute den mächtigen puritanischen Kaufleuten. Um die theaterfeindlichen Puritaner in ihre Schranken zu weisen, wurde er zum Mäzen von Shakespeares Theatertruppe, die sich in The King's Men umbenannte. Unter Elisabeth war die Truppe im Jahr drei Mal bei Hofe aufgetreten; unter Jakob traten sie mehr als viermal so oft auf. Um dem König eine Freude zu machen, schrieb Shakespeare die in Schottland spielende Tragödie *Macbeth*.

SHAKESPEARES WAPPEN
Ein Beweis für Shakespeares zunehmenden Erfolg war, dass er ab 1596 ein Wappen führen durfte. Als König Jakob I. später Mäzen seiner Theatertruppe wurde, erlaubte er dem Dichter die königliche Hofuniform zu tragen.

JAKOB I. VON ENGLAND
Jakob I. (1566–1625) wurde bald nach Elisabeths Tod gekrönt, konnte aber erst am 15. März 1604 nach London kommen und sich seinen Untertanen zeigen. Ein heftiger Ausbruch der Pest, bei dem 30.000 Londoner starben und die Theater monatelang geschlossen blieben, hatte ihn fern gehalten. Jakob schloss bald nach seinem Amtsantritt mit Spanien Frieden.

HEILENDER KÖNIG
Solche Münzen überreichte Jakob I. Menschen, die an Skrofulose, einer Lymphknotenkrankheit, litten. Seit dem 11. Jh. sprach man Herrschern heilende Kräfte zu; unter den Stuarts verstärkte sich der Glaube.

EDLER FROSCH
Im frühen 17. Jh. kam bei Hofe die Mode auf, Beutel in Form von Weintrauben oder Tieren, z.B. Fröschen, zu tragen. Obwohl man Frösche mit Hexerei in Zusammenhang brachte, sah man sie auch als Symbol des Frühlings an, weil sich dann die Teiche mit quakenden Fröschen füllten.

Alles erschrickt, als Banquos Geist bei einem Festmahl erscheint.

„Hinweg! gräßlicher Schatten!", ruft Macbeth dem Geist zu.

Krähe Kröte

DIENENDE WESEN
Hexen, so hieß es, würden von bösen Geistern in Gestalt bestimmter Tiere bedient, z.B. von schwarzen Katzen, Kröten und Krähen. Jakob I. war von der Furcht vor Hexen besessen und schrieb darüber sogar ein Buch mit dem Titel *Daemonologie*, in dem er vor einer furchtbaren Ausbreitung des Hexenwesens in England warnte. Im 17. Jh. wurden hunderte von Unschuldigen als angebliche Hexen gehängt.

Schwarze Katze

MORD UND VERRAT
In *Macbeth* prophezeien die Hexen, dass Macbeth König von Schottland, sein Freund Banquo aber der Vater von Königen sein werde. Macbeth ermordet erst König Duncan und dann Banquo. König Jakob glaubte seine eigene Familie bis zu Banquo zurückverfolgen zu können und war sicherlich durch Shakespeares Themenwahl geschmeichelt.

MACBETHS FLUCH

Die schwarze Magie, um die es in dem Stück geht, ließ den Aberglauben aufkommen, dass *Macbeth* verflucht sei. Es kursieren viele Geschichten über Unglücksfälle im Zusammenhang mit Aufführungen. Dem Schriftsteller John Aubrey (17. Jh.) zufolge waren die Aufführungen von Anfang an vom Pech verfolgt. So wurde der Junge, der damals Lady Macbeth spielte, bald darauf krank und starb. Um dem Fluch zu entgehen, nennen die Schauspieler das Drama immer nur „das schottische Stück".

Angeblich bringt es Unglück, die Kostüme aus Macbeth *in anderen Stücken zu tragen.*

Hexenkostüm aus einer modernen Inszenierung der Royal Shakespeare Company

Die dunklen Farben spielen auf Shakespeares Beschreibung der Hexen als „Nachtunholde" an.

Kleid aus abgerissenen Baumwollstreifen

Achilles schleift Hektors Leiche hinter sich her.

Hektors entsetzte Eltern sehen von Troja aus zu.

EIN STILPROBLEM

Auf dieser alten römischen Lampe ist eine Szene aus dem Trojanischen Krieg abgebildet, um den es auch in Shakespeares *Troilus und Cressida* geht, einem der „Problemstücke" wie auch *Ende gut, alles gut* und *Maß für Maß*. Problemstücke nennt man sie, weil sie sich in keine der gebräuchlichen Kategorien – Komödie und Tragödie – einordnen lassen. Sie haben viele Eigenschaften der Komödie, trotzdem herrscht in ihnen eine düstere Stimmung vor. *Troilus und Cressida* endet mit der Tötung des Trojaners Hektor durch Achilles.

Die berühmten Tragödien

In den 1590er-Jahren konzentrierte sich Shakespeare auf Komödien und Historienstücke und schrieb nur wenige Tragödien – dieser Kategorie wandte er sich ab 1600 wieder verstärkt zu. Er schrieb *Hamlet*, *König Lear*, *Othello* und *Macbeth* und verschaffte so Richard Burbage wirklich große Rollen. Diese Tragödien enthalten Shakespeares bekannteste Texte, darunter Prinz Hamlets Monolog über den Sinn des Lebens. Außerdem gibt es in den Stücken viele spannende Szenen wie das Fechtduell am Ende von *Hamlet*. Der Prinz weiß nicht, dass Laertes einen vergifteten Degen hat und ihn töten will.

FAMILIEN-FEHDE
Shakespeares berühmteste frühe Tragödie ist *Romeo und Julia*. In ihr geht es um Liebende, die miteinander verfeindeten Familien angehören. Erst der tragische Tod des Paars beendet die Fehde.

Hamlet berührt Laertes' rechte Schulter mit dem Degen.

Laertes verletzt Hamlet mit seinem vergifteten Degen und Hamlet stirbt später an der Wunde.

Laertes versucht Hamlets Herz zu treffen.

Laertes setzt sich gegen Hamlet zur Wehr.

Hamlet ist der bessere Fechter.

Hamlet zielt auf Laertes' Oberschenkel.

GESCHICKT IM KAMPF
In vornehmen Familien gehörte das Fechtenlernen zur Erziehung der Jungen und die Männer trugen im Alltag einen Degen. Schauspieler mussten sich deshalb aufs Degenfechten verstehen. Wenn sie sich dabei ungeschickt anstellten, protestierten die Zuschauer. Fechtkämpfe waren auch als Unterhaltung beliebt.

TÖDLICHES DUELL
Hamlet hält das Duell mit Laertes für einen fairen Wettkampf, doch Claudius, der Bösewicht des Stücks, hat Laertes für seine Zwecke eingespannt: Er will Hamlets Tod. Beim Duell werden beide durch den vergifteten Degen verletzt. Sterbend gesteht Laertes seine Tat, worauf Hamlet Claudius tötet, bevor er selbst stirbt.

STRASSEN-KÄMPFE
Duelle kommen in mehreren Stücken Shakespeares vor: In *Romeo und Julia* kämpft Romeos Freund Mercutio auf offener Straße gegen Julias Cousin Tybalt.

OTHELLO

Dieses Plakat, das für eine Inszenierung von *Othello* wirbt, zeigt den Titelhelden, kurz bevor er Desdemona tötet.

SPÄTE REUE
Othello, der Held des gleichnamigen Stücks, ist ein „Mohr", ein Nordafrikaner, und mit Desdemona verheiratet. Sein Fähnrich Jago hasst Othello insgeheim und will ihn vernichten. Jago ist Shakespeares übelster Bösewicht: Er macht Othello glauben, dass Desdemona ihn betrügt. Rasend vor Eifersucht tötet Othello die Unschuldige. Zu spät erkennt er seinen Fehler und ruft: „Wascht mich in tiefen Schlünden flüss'ger Glut! / O Desdemona, Desdemona, tot?"

Jago

Othello

Die Fechter verwendeten einen leichten Degen, Rapier genannt.

Hamlet erblickt den Geist seines Vaters; seine Mutter Gertrude dagegen kann ihn nicht sehen und hält ihren Sohn für verrückt.

RÄCHE MICH!
In einer Verfilmung des Stücks von 1948 spielt Laurence Olivier den dänischen Prinzen Hamlet, dem der Geist seines Vaters befiehlt den feigen Mord an ihm zu rächen. Hamlet soll den Mörder töten, der gleichzeitig sein Onkel und Stiefvater ist.

Hamlet ist der vielschichtigste von Shakespeares Helden.

Polonius, Laertes' Vater, wird von Hamlet getötet, der ihn für den König hält.

NÄRRISCHER VATER
König Lear teilt sein Reich zwischen seinen beiden bösen Töchtern auf und weist die dritte Tochter ab, die ihn liebt. Bald erweisen sich die zwei Töchter als undankbar und der wütende König zieht sich in die Heide zurück. Er erkennt, dass er wie ein Narr gehandelt hat.

> „... so sollt ihr hören von Taten, fleischlich, blutig, unnatürlich, Zufälligen Gerichten, blindem Mord;"
>
> **WILLIAM SHAKESPEARE**
> Horatio in *Hamlet*

Die römischen Dramen

Zu Beginn des 17. Jahrhunderts schrieben sowohl Shakespeare als auch Ben Jonson Tragödien, die im alten Rom spielten. Die Stoffe waren den gebildeten unter den Theaterzuschauern dank berühmter römischer Autoren wie Seneca vertraut. Indem die Dichter ihre Stücke in der Antike ansiedelten, konnten sie politische Themen ansprechen, ohne den Unmut der Regierenden zu erregen. In Ben Jonsons *Catiline* geht es vordergründig um eine Verschwörung zum Umsturz des römischen Staats, eigentlich aber um die so genannte Pulververschwörung von 1605, bei der König Jakob gestürzt werden sollte.

Plakat für eine *Coriolan*-Inszenierung (1965)

CORIOLAN
In *Coriolan* erzählt Shakespeare die Geschichte des gleichnamigen römischen Edelmannes, der ein großer Feldherr, aber ein schlechter Politiker ist. Er verachtet das einfache Volk, braucht jedoch dessen Unterstützung, um Konsul zu werden. Da sich das Volk nicht hinter ihn stellt, verlässt er Rom und verbündet sich mit den feindlichen Volskern.

ANSTÖSSIGES PORTRÄT
In Shakespeares erstem römischem Stück geht es um Julius Caesar (100–44 v.Chr.). Caesar war ein ehrgeiziger und erfolgreicher Feldherr, der ermordet wurde, als sich abzeichnete, dass er sich zum König erklären lassen würde. Er hatte Münzen mit seinem Porträt prägen lassen – eine Ehre, die nur Toten zustand.

Römische Münze mit dem Porträt Julius Caesars

In Julius Caesar erscheint der Geist des Toten seinem Mörder Brutus.

Brutus, der Caesars Tod plant

Marcus Antonius, der Brutus im Krieg schlägt

Brutus fragt den Geist, ob er „... ein Engel oder Teufel, / Der starren macht mein Blut, das Haar mir sträubt ..." sei.

MORDENDER HELD
Der Held in *Julius Caesar* ist nicht Caesar, sondern sein Freund und Mörder Brutus. Er befürchtet, dass Caesar König werden will und beschließt dessen Tod, um die Freiheit Roms zu wahren. Marcus Antonius bringt die Bürger mit einer berühmten Rede gegen die Mörder Caesars auf, die so beginnt: „Römer! Mitbürger! Freunde! Hört mich meine Sache führen ..."

In seiner Toga kann der Schauspieler den Dolch verstecken, mit dem er sich in Julius Caesar *am Mord beteiligen wird.*

Cleopatra könnte mithilfe einer Kobra Selbstmord begangen haben.

Cleopatra mit ihrer Dienerin Charmian

LIEBE GEHT VOR
Antonius und Cleopatra ist sozusagen die Fortsetzung von *Julius Caesar*. Marcus Antonius verliebt sich in die schöne ägyptische Königin Cleopatra und verfeindet sich ihretwegen mit Caesars Nachfolger Octavius. Blind vor Liebe vergisst er seine Pflichten gegenüber Rom. Das Stück endet mit den Selbstmorden der Liebenden.

Die amerikanische Schauspielerin Katherine Cornell in den 1940er-Jahren als Cleopatra

TOGEN ODER MÄNTEL
Die römischen Bürger trugen kunstvoll drapierte Gewänder, die Togen, die heute oft bei Inszenierungen der römischen Dramen verwendet werden. Shakespeare wusste eventuell nicht, was eine Toga ist. Seine Stücke waren an Sir Thomas Norths Übersetzungen des griechischen Autors Plutarch angelehnt, in denen nicht von Togen, sondern von Mänteln die Rede ist.

PIEPSIGE CLEOPATRA
Miss Darragh spielte in dieser Verfilmung aus dem frühen 20. Jh. die Cleopatra. Cleopatra ist Shakespeares großartigste Frauenfigur: geistreich, klug und stärker als Marcus Antonius. Sterbend stellt sie sich vor, wie ihre Geschichte auf der Bühne gespielt wird und wie ein „piepsiger Junge" sie darzustellen versucht.

Der Purpurstreifen war ranghohen Bürgern vorbehalten.

Abenteuer und Märchen

The King's Men übernahmen 1608 ein weiteres Theater, das in Blackfriars am Nordufer der Themse lag. Anders als das Globe war das neue Theater vollständig überdacht; hier wurde bei Kerzenlicht gespielt. Das Blackfriars war wesentlich kleiner als das Globe und die Eintrittspreise waren höher. Sein Publikum, das sich aus Höflingen und anderen wohlhabenden Leuten zusammensetzte, machte einen neuen Stil möglich: Zwischen 1608 und 1611 schrieb Shakespeare für das Blackfriars vier so genannte Romanzen. Ihre Handlungen erinnern an Märchen: Es sind Abenteuer edler Heldinnen und Helden und Geschichten von nach Trennung wieder vereinten Familien.

REUE UND VERSÖHNUNG
Dieses Foto aus einer Inszenierung von *Das Wintermärchen* zeigt Polyxenes mit König Leontes. Der König meint, seine Frau habe eine Affäre mit Polyxenes, und kerkert sie ein. Als er sie tot glaubt, ist er so betrübt, dass sich das Paar, als es sich am Ende wiederfindet, versöhnen kann.

MAGISCHER SCHIFFBRUCH
Der Sturm ist die Geschichte des Zauberers Prospero, Herzog von Mailand, der von seinem Bruder gestürzt wird und sich auf einer Insel niederlässt. Er entfesselt einen Sturm und lässt das Schiff seiner Widersacher auf der Insel stranden, wo er sie durch Zauberei in Wirren stürzt.

ROMANIDEE
Die Ideen für seine Romanzen entnahm Shakespeare Werken wie Philip Sidneys *Arcadia* (1590). Letzteres zählt zu den Vorläufern des Romans und beschreibt die Abenteuer zweier verkleideter Prinzen auf der Suche nach Liebe.

ROMANTISCHER EINFLUSS
Einfluss auf Shakespeare hatten auch die Theaterautoren Francis Beaumont und John Fletcher, die ab 1607 Romanzen schrieben. Fletcher arbeitete später mit Shakespeare an dessen letzten Werken zusammen und löste ihn als wichtigsten Stückeschreiber für The King's Men ab.

Illustration für *Der Sturm* von Robert Dudley (1856)

Prosperos Geister bauen vor den Schiffbrüchigen ein Bankett auf.

Illustration für *Cymbeline* von Robert Dudley (1856)

„Ich komme, deinen Winken zu begegnen. Sei's Fliegen, Schwimmen, in das Feuer tauchen, Auf krausen Wolken fahren ..."
WILLIAM SHAKESPEARE
Ariel in *Der Sturm*

VOLLER ÜBERRASCHUNGEN
Das Stück *Cymbeline* erzählt die Geschichte von Leonatus Posthumus und Imogen, die sich trennen müssen, als Posthumus verbannt wird. In *Cymbeline* gibt es mehr überraschende Wendungen als in allen anderen Stücken Shakespeares; allein in der letzten Szene folgen acht aufeinander.

WUNDERKRÄFTIGE MUSIK
Das Stück *Perikles* spielt auf dem Mittelmeer. Perikles, der Fürst von Tyrus, bestattet seine Frau Thaisa, die nach der Geburt einer Tochter gestorben ist, auf See. In Ephesus wird sie an Land gespült und durch die wundersame Kraft der Musik geheilt.

In der Truhe am Strand ist Thaisa verborgen.

Illustration aus *The Children's Shakespeare* von Charles Folkard (1911)

FANTASIEVOLLE MODE
Das neu aufgekommene Maskenspiel – eine Mischung aus Tanz, Musik und Bühneneffekten – beeinflusste die Aufführungen im Blackfriars. Bei Hofe rezitierten Schauspieler vor aufwändigen Kulissen Gedichte, sangen und tanzten, und der König und sein Hofstaat wirkten mit. In *Der Sturm* inszeniert Prospero mittels Magie ebenfalls eine Art Maskenspiel.

Die Unterschrift des Dichters

Teil der Urkunde, die Shakespeare den Besitz des Hauses in Blackfriars bescheinigt

PERSÖNLICHES EIGENTUM
1613 kaufte Shakespeare ein Haus in der Nähe des Theaters in Blackfriars. Wir wissen nicht, ob es sein Wohnsitz oder nur eine Geldanlage sein sollte. Jedenfalls verbrachte er nicht viel Zeit dort, denn er lebte nun wieder in Stratford und schrieb bald keine Stücke mehr.

Frau in einem Maskenkostüm (um 1615)

Wissenschaft und Aberglaube

Sonne und Mond sind wichtige astrologische Symbole.

„Die Sterne bilden unsre Sinnesart", sagt der Graf von Kent in *König Lear*. Viele Zeitgenossen Shakespeares glaubten an die Astrologie: die Lehre vom Einfluss der Himmelskörper auf das Leben der Menschen. Elisabeth I. ließ sich von einem Astrologen, dem berühmten John Dee, beraten. Am Stand der Gestirne orientierten sich auch die Seeleute auf dem Meer. Die Entwicklung präziserer Instrumente ermöglichte es, dass sie mit ihren Schiffen ab dem 16. Jahrhundert alle Weltmeere befahren konnten.

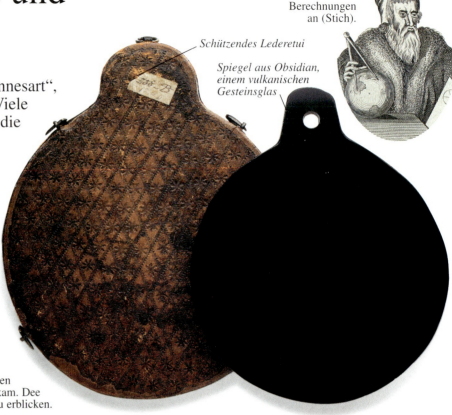

John Dee stellt mit Globus und Zirkel Berechnungen an (Stich).

Schützendes Lederetui

Spiegel aus Obsidian, einem vulkanischen Gesteinsglas

SPIEGLEIN, SPIEGLEIN ...
Dieser „Hellseherspiegel" gehörte John Dee (1527–1608), der behauptete ihn von einem Engel erhalten zu haben. Tatsächlich wurde er von den Azteken hergestellt, aber niemand weiß, wie er in Dees Besitz kam. Dee hoffte in dem Spiegel Geister oder Zukunftsvisionen zu erblicken.

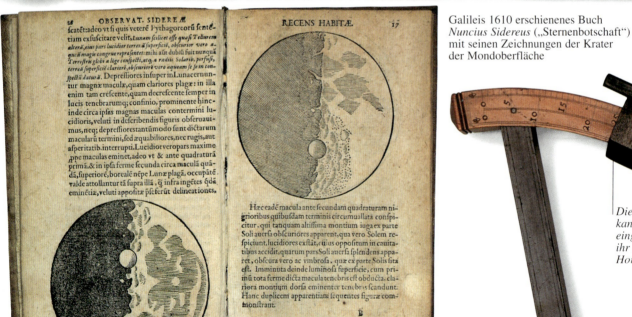

Galileis 1610 erschienenes Buch *Nuncius Sidereus* („Sternenbotschaft") mit seinen Zeichnungen der Krater der Mondoberfläche

Skala

Die Schattenkante wurde so eingestellt, dass ihr Schatten auf die Horizontkante fiel.

Die Horizontkante wurde am Horizont ausgerichtet.

STERNENGUCKER
Der italienische Wissenschaftler Galileo Galilei (1564–1642) konstruierte 1609 ein Teleskop und beobachtete damit den Nachthimmel. Seine Entdeckungen veröffentlichte er in dem Buch *Nuncius Sidereus*. Galilei erblickte als erster Mensch tausende unbekannter Sterne, vier Monde des Jupiter und die Krater und Gebirge des Mondes.

GUT AUSGERÜSTET
John Dee war auch sehr erfahren in der Kunst der Navigation mithilfe von Sonne und Sternen. Dafür benutzte er astronomische Instrumente – u.a. Kompass, Wetterfahne und Sonnenuhr –, die dazu dienten, den Kurs von Schiffen auf See zu bestimmen.

Ein Alchemist (Stich von 1625)

DIE WISSENSCHAFT VOM STEIN
Dee interessierte sich auch für Alchemie, die scheinbar wissenschaftliche Suche nach dem „Stein der Weisen", der Metalle in Gold verwandeln soll. Ben Jonson machte sich in seiner Komödie *Der Alchemist* darüber lustig. Sein Held ist ein Betrüger, der gierige leichtgläubige Leute um ihr Geld bringt.

Sonnenuhr mit Kompass

Wetterfahne

Gewinde für die Wetterfahne

Tabelle zur Berechnung der Gezeiten anhand der Mondphasen

HANDBUCH
Der Wissenschaftler John Davis (ca. 1550–1605) verfasste *The Seaman's Secrets*, das beste Navigationshandbuch des 16. Jh.s. Davis war ein erfahrener Forschungsreisender und Navigator. Auf der Suche nach einer Route nach China unternahm er drei Reisen in die Arktis. Während einer Fahrt nach Sumatra/Indonesien wurde er von Piraten getötet.

Nachbau von Galileis Teleskop

Galileis Teleskop war die Weiterentwicklung des Fernrohrs, das der Niederländer Hans Lippershey erfunden hatte.

Die Visierkante wurde auf die geschätzte Breite eingestellt.

MIT DEM RÜCKEN ZUR SONNE
Mit dem Quadranten, einem Instrument zur Bestimmung der Nord-Süd-Position eines Schiffs anhand des Sonnenstands, verbesserte John Davis das bisher benutzte Instrument, den Kreuzstab. Mit ihm hatte der Navigator in die Sonne schauen müssen; mit dem Quadranten konnte er bei der Messung der Sonne den Rücken zuwenden.

Der Navigator blickte durch den Schlitz in der Visierkante.

GEHEIME STUDIEN
John Gielgud spielte in dem Film *Prosperos Bücher* (1991) frei nach Shakespeares *Der Sturm* den Gelehrten und Zauberer Prospero. Prospero ist eine geheimnisvolle Figur, die sich im Stück selbst als „... hingerissen in geheimes Forschen ..." bezeichnet. *Der Sturm* entstand gleichzeitig mit Jonsons *Der Alchemist*.

Davis' Quadrant war bis weit ins 17. Jh. das meistgenutzte Navigationsinstrument.

> „Jene letzten Verfinsterungen an Sonne und Mond weissagen uns nichts Gutes."
>
> **WILLIAM SHAKESPEARE**
> Der Graf von Gloster in *König Lear*

Rückkehr nach Stratford

Nachdem Shakespeare 1611 sein Stück *Der Sturm* fertig gestellt hatte, kehrte er als wohlhabender Mann nach Stratford zurück. Er hatte von seinem Vater das Haus in der Henley Street geerbt, bewohnte aber New Place, das zweitgrößte Haus in der Stadt, das er 1597 für seine Familie gekauft hatte. Dem Dichter war nur ein kurzer Ruhestand vergönnt. Am 23. April 1616 starb er – einen Monat nachdem er sein Testament gemacht hatte. Shakespeare wurde in der Holy Trinity Church in Stratford beigesetzt; eine Inschrift auf seinem Grab verflucht den, der es wagen sollte, seine Totenruhe zu stören.

SPÄTE WERKE
In Stratford schrieb Shakespeare noch zwei Jahre lang und reiste gelegentlich nach London, um zusammen mit John Fletcher an *Heinrich VIII.*, *Die beiden edlen Vettern* sowie einem verschollenen Stück mit dem Titel *Cardenio* zu arbeiten. Andere Bühnenschriftsteller, darunter auch Ben Jonson, besuchten ihn in Stratford.

LETZTE ZEILEN
1613 schrieb Shakespeare die letzten Verse seines letzten Theaterstücks *Die beiden edlen Vettern*. Da Shakespeares Stil komplexer ist als der Fletchers, erkennt man deutlich, welche Teile von ihm stammen. In dem selten gespielten Stück (hier eine Inszenierung im heutigen Globe) geht es um die beiden Freunde Palamon und Arcite, die durch ihren Wettstreit um die Gunst der schönen Emilia zu erbitterten Feinden werden.

SCHUSS MIT FATALEN FOLGEN
Am 29. Juni 1613 kam es im Globe zu einem Unglück. Als die Kanone des Theaters während einer Aufführung von *Heinrich VIII.* abgefeuert wurde, setzten Funken das Strohdach in Brand. Zuschauer und Schauspieler konnten sich retten, doch das Globe brannte vollkommen ab. Etwa um diese Zeit hörte Shakespeare ganz mit dem Schreiben auf. Der Verlust seines geliebten Theaters könnte ihn dazu bewogen haben.

Der Kanonensalut sollte den Einzug des von Richard Burbage gespielten Königs ankündigen.

Elisabethanische Kanone mit Bronzerohr und nachgebautem Holzgestell

Das Globe wurde auf den Fundamenten des abgebrannten Gebäudes wieder aufgebaut.

ERSTANDEN AUS DER ASCHE
Die King's Men scheuten für den Neubau des Globe keine Kosten. Statt mit Stroh wurde das Dach mit Ziegeln gedeckt. Nach der Wiedereröffnung 1614 trat die Truppe hier 30 Jahre lang auf.

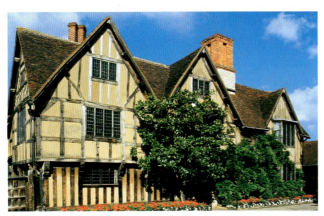

RÜCKKEHR IN DIE HEIMAT
Shakespeares Tochter Susanna zog 1607 zu ihrem frisch angetrauten Ehemann John Hall nach Hall Croft in Stratford. Der Dichter billigte die Verbindung und war sicherlich bei der Hochzeit anwesend. In seinen letzten Londoner Jahren kam er immer häufiger nach Stratford und war vermutlich bei den meisten Familienereignissen zugegen, z.B. 1608 bei der Beerdigung seiner Mutter und bei der Taufe seiner Enkelin Elisabeth.

ÄHNLICHKEIT
1623 wurde in der Holy Trinity Church ein Denkmal für Shakespeare aufgestellt. Da die Familie mit der bemalten Steinskulptur einverstanden war, könnte sie ein gelungenes Porträt darstellen. Ihr Schöpfer, der Bildhauer Gheerart Janssen, dessen Werkstatt in der Nähe des Globe lag, kannte den Dichter vermutlich.

WILLIAMS LETZTER WILLE
Shakespeare vermachte seiner Tochter Susanna den Grundbesitz in Stratford und London. Die Tochter Judith bekam 300 Pfund, damals eine hohe Summe (ihr Zwillingsbruder Hamnet war 1596 verstorben). Shakespeares Gattin Anne erhielt nur „sein zweitbestes Bett", doch vermutlich lebte sie bis zu ihrem Tod 1623 in New Place.

Schädel und gekreuzte Knochen, von Perlen gerahmt

Trauerring (17. Jh.)

Trauerschmuck war oft mit Skeletten oder Schädeln verziert.

VERGESST MICH NICHT
Shakespeare hinterließ seinen engsten Freunden aus der Truppe The King's Men – Richard Burbage, Henry Condell und John Heminge – eine gewisse Geldsumme für den Kauf von Trauerringen. Er hoffte ihnen durch die Ringe in Erinnerung zu bleiben.

Gedruckte Werke

Schriftsetzer beim Vorbereiten einer Seite für den Druck (17. Jh.)

Als Shakespeare seine Stücke schrieb, wurden in Europas Druckereien bereits Bücher in beachtlichen Auflagen hergestellt; er allerdings hatte am Druck seiner Werke wenig Interesse. Er hatte sie für die Bühne geschrieben und konnte durch die Aufführungen im Globe mehr Menschen erreichen als durch Bücher. Die Stücke waren Eigentum seiner Schauspieltruppe. Die Hälfte von ihnen erschienen noch zu seinen Lebzeiten in einem kleinen, Quart genannten Buchformat, immer dann, wenn ein Stück nicht mehr gespielt wurde oder die Truppe Geld brauchte. Erst sieben Jahre nach Shakespeares Tod kam ein Band mit all seinen Stücken heraus, der von Freunden zusammengestellt worden war: die erste Gesamtausgabe.

FEST PRESSEN!
Zu Shakespeares Zeiten war das Drucken eine langwierige Prozedur. Ein Schriftsetzer setzte die Metallbuchstaben in einen Schließrahmen ein. Dieser kam auf den sog. Karren (Schlitten) und man bestrich die Lettern (Buchstaben) mithilfe eines Lederballens mit Tinte. Dann wurde ein Papierbogen auf einen Pressdeckel genannten Rahmen gelegt, den man auf den Karren klappte. Anschließend schob man den Karren unter die Platte und presste das Papier mittels eines Hebels auf die Lettern.

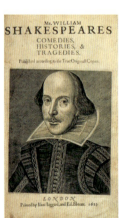

FÜR SECHS PENNYS
Diese Ausgabe von *Ein Sommernachtstraum* wurde 1600 von James Roberts gedruckt, einem der 21 damals in London arbeitenden Drucker. Jede Quart- oder Quartoausgabe kostete sechs Pennys – also sechsmal so viel wie eine Theaterkarte. Der Begriff Quart (lat.: das Vierte) kommt daher, dass je vier Seiten vorn und hinten auf einen Bogen gedruckt wurden, der nach zweimaligem Falzen und Schneiden acht Buchseiten ergab.

GESAMTAUSGABE
1623 veröffentlichten Henry Condell und John Heminge 36 Stücke Shakespeares in einer „First Folio" genannten Gesamtausgabe. Folio (lat.: Blatt) bezeichnet einen einmal gefalzten Papierbogen. Die Herausgeber schrieben, sie wollten nur das Andenken eines so würdigen Freundes und Kollegen wahren, wie Shakespeare es gewesen war.

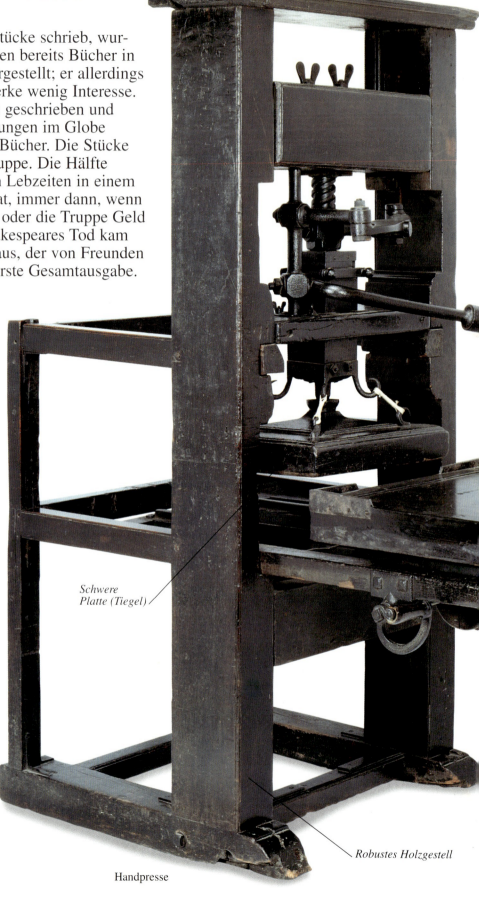

Schwere Platte (Tiegel)

Robustes Holzgestell

Handpresse

Auf diesen Seiten sind sechs Lilienarten abgebildet.

AUSGEMALT
Mitunter waren in Büchern Illustrationen wie diese Blumen in John Gerards 1597 gedruckter *History of Plants* eingefügt. Die 1800 Abbildungen dieses Buches wurden mit geschnitzten Holzblöcken schwarzweiß gedruckt und später von Hand koloriert (ausgemalt). Die aufwändige Mehrarbeit machte das Buch sehr teuer.

Drucker arbeiteten meist zu zweit.

Drucker (Detail eines Stichs, 17. Jh.)

Hebel zum Absenken der Platte

Pressdeckel

Beweglicher Karren

Lederballen mit Rosshaarfüllung

Ein Drucker nimmt bedruckte Bogen von der Presse (Detail eines Stichs, 17. Jh.)

Bestickte Tasche für kleinere Bücher

BÜCHER FÜR DIE TASCHE
Zu Shakespeares Zeiten galt es als schick, auf Spaziergängen zu lesen. Deshalb waren schöne Bücher im Taschenformat sehr beliebt. Häufig enthielten sie religiöse Texte, die Puritaner ansprachen, oder es handelte sich um Almanache mit Voraussagen für das nächste Jahr.

„Taschenbuch" aus dem 16. Jh., verziert mit einem elegant gekleideten Mann

Dieses Buch war dazu gedacht, zusammen mit anderen ebenso gebundenen Bänden im Regal zu stehen.

Shakespeares Wappen

UNZÄHLIGE AUSGABEN
Als dieses Exemplar von *Romeo und Julia* gedruckt wurde, waren bereits hunderte von Ausgaben der Stücke Shakespeares erschienen. Das luxuriöse Buch mit geprägtem Ledereinband war als Schmuckstück für die Bibliothek eines vornehmen Hauses gedacht. Billige wie teure Ausgaben werden weltweit von einem Publikum gelesen, das weit größer ist, als es sich Shakespeare je vorzustellen vermochte.

Shakespeares Vermächtnis

„Er gehört nicht einem Zeitalter, sondern allen Zeiten", schrieb Ben Jonson über seinen Freund William Shakespeare – zweifellos zu Recht. Im Lauf der Jahre und Jahrhunderte änderte sich der Stil des Theaterspielens und der Inszenierungen immer wieder, doch Shakespeare kam nie aus der Mode. Seine Stücke wurden in nahezu alle Sprachen übersetzt und werden noch heute überall auf der Welt gespielt. Sie inspirierten Ballette, Opern, Musicals, Filme und Gemälde. Auch in der englischen Sprache macht sich Shakespeares Erbe noch bemerkbar. Der Ausdruck „fair play" z.B. geht auf ihn zurück und wurde sogar in andere Sprachen übernommen.

TRAUMGESCHIRR
Diese Obstschale aus Porzellan, die der irische Bildhauer W.B. Kirk entwarf, gehört zu einem Shakespeare-Dessertservice. Jedes Stück davon ist mit einer Szene aus dem *Sommernachtstraum* geschmückt.

Herbert Beerbohm Tree als Kardinal Wolsey in *Heinrich VIII*.

IN GLAS GEFANGEN
Dieses Buntglasfenster, auf dem etliche komische Charaktere aus Shakespeares Stücken zu sehen sind, befindet sich in der Londoner Southwark Cathedral, in die der Dichter zum Beten ging. Das von Christopher Webb geschaffene Fenster wurde 1954 an Shakespeares Todestag enthüllt. Jedes Jahr im April findet in dem Seitenschiff, zu dem das Fenster gehört, eine Gedenkfeier statt.

CARTOONKULTUR
In den 1990er-Jahren wurden eine Reihe von Shakespeare-Stücken als Zeichentrickfilme für Kinder umgesetzt. In dieser Szene aus *Ein Sommernachtstraum* wird der Elfenkönig Oberon seine Gattin gleich aus der Verzauberung erlösen, indem er ihre Augen mit einem Zauberkraut berührt und sagt: „Nun, holde Königin! Wach' auf Titania!"

SPEKTAKULÄR
Der britische Schauspieler und Intendant Herbert Beerbohm Tree wurde im späten 19. und frühen 20. Jh. für seine Aufsehen erregenden Inszenierungen von Shakespeares Stücken berühmt. Sein dramatischer Stil war nicht jedermanns Geschmack, doch Shakespeares Figuren lassen sich auf viele verschiedene Arten darstellen.

Stratfords Marktplatz, für das Shakespeare-Fest 1769 beflaggt

STRATFORDER FEIERLICHKEITEN
Alljährlich besuchen Millionen von Touristen aus aller Welt Stratford-upon-Avon, um den Ort kennen zu lernen, an dem Shakespeare zur Welt kam und aufwuchs. Die ersten Touristen reisten 1769 an, als der Schauspieler und Regisseur David Garrick ein Shakespeare-Fest veranstaltete, das auch heute noch jedes Jahr begangen wird.

IN NOTEN GESETZT
Shakespeares Stücke dienten als Vorbild mehrerer Opern und Musicals. In den USA entstanden in den 1940er- und 1950er-Jahren die Musicals *Kiss me Kate* (nach *Der Widerspenstigen Zähmung*) und *West Side Story* als eine in die Straßen von New York verlegte Variante von *Romeo und Julia*. Zu den Opern zählen Verdis *Macbeth*, *Othello* und *Falstaff*, die alle in der zweiten Hälfte des 19. Jh.s komponiert wurden.

Howard Keel und Kathryn Grayson im Film *Kiss me Kate* (1953)

Elisabeth I., Shakespeares Königin, sowie Heinrich V. und Richard III., zwei Könige aus seinen Stücken

STURM IM WELTRAUM
Der Film *Alarm im Weltall* (1956) entstand frei nach *Der Sturm* und spielt im All. Aus Prospero wurde der Wissenschaftler Dr. Morbius, aus dem Luftgeist Ariel der Roboter Robby. Die Schiffbrüchigen sind im Film Astronauten auf einem Raumflug.

DICHTERECKE
Diese Statue wurde 1740 in der Londoner Westminster Abbey aufgestellt. Sie überblickt „Poets' Corner", den Teil der Kirche, in dem großer britischer Dichter gedacht wird. Shakespeare zeigt auf eine Rolle mit einem Teil von Prosperos Rede aus *Der Sturm*: „Das Fest ist jetzt zu Ende ..."

Register

A
Alarm im Weltall 63
Alchemie 57
Alleyn, Edward (Ned) 33
anglikanische Kirche 10
Antonius und Cleopatra 53
Apfelverkäuferinnen 44
Apotheke 29
Arcadia 54
Armada, Spanische 26
Astrologie 56
Aubrey, John 17, 49

B
Bärenhatz 21
Beaumont, Francis 54
Beutelschneider 31, 45
Bibel 10, 11
Blackfriars (Theater) 54
Blankverse 24
Bogenschießen 15
Bücher 23, 60, 61
Bühnenarbeiter 32
Bullenkämpfe 20
Burbage
  Cuthbert 32, 34
  James 32, 34
  Richard 32, 33, 34, 50, 59
Bürgermeister 30

C, D
Cardenio 58
Clowns 38
Condell, Henry 50, 60
Coriolan 52
Cymbeline 13, 54
Darsteller siehe Schauspieler
Das Wintermärchen 54
Davis, John 57
Dee, John 56, 57
Degenfechten 50, 51
Der Alchemist 57
Der Kaufmann von Venedig 46
Der Sturm 54, 55, 57, 63
Der Widerspenstigen Zähmung 14, 39, 47, 63
Dichtung 23, 28
Die beiden edlen Vettern 58
Die beiden Veroneser 38, 46
Die lustigen Weiber von Windsor 45, 46
Doktor Faustus 25
Dowdall, John 17
Druckausgaben 60–61
Druckereien 60
Duftkugeln 28, 29

E, F
Edelfrauen und -männer 29, 40, 42
Ein Sommernachtstraum 15, 47, 60, 62
Elisabeth I. (Königin) 10, 11, 15, 22–23, 48
Ende gut, alles gut 49
Fährleute 18
Falknerei 14
Fechten 15
Federmesser 9, 25
Federn 9, 25
Feste 15
Filme 42, 57, 63
Fletcher, John 27, 54, 58
Frauenrollen 42

G
Galeonen 27
Galgen 20
Galilei, Galileo 56
Garderobier 33, 42
Garrick, David 63
Gentlemen 31, 50
Gesamtausgabe („First Folio") 60
Gesetze 17, 30, 40
Getreide 13
Gilden 19
Globe (heutiges Theater) 33
Globe (ursprüngliches Theater) 34–35, 36–37, 58
Glücksspiel 20, 21
Graf von Essex (Robert Devereux) 23, 27
Graf von Southampton (Henry Wriothesley) 28
Greene, Robert 24, 25

H
Hahnenkämpfe 20
Halskrausen 41
Hamlet 13, 37, 41, 50, 51
Handschuhe 6, 40
Handschuhmacherei 6
Hathaway, Anne 16
Heilige 10, 11
Heinrich IV. 1. Teil 26, 39
Heinrich V. 12, 26
Heinrich VI. 1. Teil 25, 32
Heinrich VI. 3. Teil 14
Heinrich VIII. (König) 10
Heinrich VIII. (Stück) 27, 58
Heminge, John 59, 60
Henslowe, Philip 36
Hexen 48, 49
Historienstücke 26
History of Plants 61
Höflinge 22, 23, 30
Horntafeln 8

I, J
Isle of Dogs 30
Jagd 14
Jakob VI. von Schottland (Jakob I. von England) 48
Janssen, Gheerart 59
Jonson, Ben 25, 30, 52, 57, 62
Julius Caesar 52
Julius Caesar (Sück) 52
Juwelen und Schmuck 23, 40

K
Kanonen 58
Katholiken 10, 11
Kaufleute 19
Kemp, Will 32
King's Men 48–49, 54, 59
Kiss Me Kate 63
Knabenschauspieler 42–43
Komödien 46–47
König Lear 39, 50, 51, 56
Kostüme 32, 33, 40–41, 49
Kreuz 11
Kreuzstab 57
Kyd, Thomas 24

L
Landleben 12–13, 14–15
Lesen 8–9
Lieder 38
London 18–19, 20–21
  Bankside 18, 34
  Bear Garden 20, 21
  Southwark Cathedral 19, 62
  St. Mary Overie's Church 19
  Staple Inn 19
Lord Admiral's Men 33
Lord Chamberlain (Henry Carey) 30
Lord Chamberlain's Men 32–33, 40

M
Macbeth 12, 48, 49, 50, 63
Magie 13, 49
Maibäume 15
Marcus Antonius 52, 53
Maria I. (Königin) 10, 11
Maria Stuart (Königin der Schotten) 11
Marlowe, Christopher 24, 25
Märtyrer 11
Masken 55
Maß für Maß 49
Mäzene 28, 30, 48
Medizin 17, 29
Metamorphosen 52, 43
Mode 29, 40, 41, 42, 55
Musicals 63
Musikinstrumente 38, 39

N, O, P
Nashe, Thomas 8, 24, 33
Navigation 56, 57
Nuncius Sidereus 56
Nutzvieh 12
Opern 63
Othello 50, 51, 63
Ovid 52
Perikles 55
Pest 28–29, 48
Philipp II. (König von Spanien) 26
Plot 36
Problemstücke 49
Prosperos Bücher (Film) 57
Protestanten 10, 11
Prügelstrafe 8
Publikum 44–45
Pulververschwörung 52
Puritaner 11, 30, 48

Q, R
Quadrant 57
Quart (Buchausgabe) 60
Queen's Men 17
Rachetragödien 24
Raleigh, Walter 23, 27
Ratsherren 19, 30
Ratten 28
Religion 10–11
Requisiten 32, 36, 37
Richard II. 26
Richard III. 27
Roberts, James 60
Romanzen 54–55
Romeo und Julia 12, 14, 29, 50
römische Dramen 52–53
Rose (Theater) 21
Rosenkranz 10
Rowe, Nicholas 16

S
Schauspieler 17, 22, 28, 30
Schauspieltruppen 30
Schminke 22, 43
Schönheit 22, 43
schottisches Stück 49
Schreiben 9, 25
Schreiber 24, 25
Schulen 8, 9
Seneca 9, 52
Serenade 38
Shakespeare in Love 42
Shakespeare, John 6, 7, 16, 17
Shakespeare, Mary 7
Shakespeare, William
  Denkmal 59, 63
  Ehefrau 16
  Geburtsort 6–7
  Haus (Blackfriars) 55
  Haus (Henley Street) 6
  Kinder 6, 16, 59
  Testament 59
  Wappen 48
Sly, William 32
Spanien 26, 48
Spanische Tragödie 24
Spiele 15
Sport 14, 15, 20
Straßenhändler 19
Stratford-upon-Avon 6, 58–59, 63
  Hall Croft 59
  Holy Trinity Church 58, 59
  New Place 58
Stücke, Inszenierung 30, 36–37
Stückeschreiber 24–25
Swan (Theater) 21, 35, 36

T
Tabak 29
Tamerlan der Große 25
Tanz 32, 33, 38
Tarlton, Richard 17
Taufen 16
Theater 20, 21, 28, 30, 48
  Diebstähle 31
  Galerie 44, 45
  Garderobe 33, 42
  Hof 44, 45
  Logen 44, 45
Theatre 21, 32, 34
Themse 18
Titus Andronicus 24
tragische Rollen 33
Tragödien 9, 50–51
Tree, Herbert Beerbohm 62
Troilus und Cressida 49

U, V, W, Z
University Wits 24
Unterhaltung 14–15, 20–21
Vaterunser 8
Verräter 18, 19, 20, 27
Viel Lärm um nichts 23, 40
Waffen 36, 50, 51
Was ihr wollt 39, 47
Webb, Christopher 62
West Side Story 63
Wie es euch gefällt 9, 40, 42, 46
Wildblumen 13
Wolle 6, 16, 19
Zeichentrickfilme 62

Bildnachweis

o = oben, u = unten, m = Mitte, l = links, r = rechts

AKG London: 16ol, 20ml, 23ur, 38ul, 39or, 46ul, 51ol, 54mlo, 54ml, 54ur, 55mro, 57ol, 60ol, 61ol, 61ul, 63um; British Library/ Add. 48027 Folio 650: 11mr;/ Folio 57 Harley 1319: 26ml;/Erich Lessing: 9mlu, 38ol, Avoncroft Museum Historic Buildings: 34ml; Bridgeman Art Library/Beauchamp Collection, Devon: 27ur; Bristol City Museum and Art Gallery, GB: 32m;/ Dyson Perrins Museum, Worchestershire, GB: 62ol;/Fitzwilliam Museum, University of Cambridge: 28ml;/ Guildhall Library, Corporation of London: 20–21;/Guildhall Library, Corporation of London, GB: 55ml;/Helmingham Hall, Suffolk, GB: 32ml;/ Mark Fiennes: 38mr;/Linnean Society, London, GB: 61ol;/National Museums of Scotland: 8u;/Norfolk Museum Service (Norwich Castle Museum), GB: 40ur;/Privatsammlung: 11ol, 11ul, 28u, 30m, 36ol, 46mr, 54mr;/Privatsammlung/Barbara Singer: 27ol;/Privatsammlung/Christie's Images: 16or; Privatsammlung/Ken Walsh: 24–25;/Privatsammlung/The Stapleton Collection: 23ul;/Victoria & Albert Museum, London, GB: 16r, 40ul;/ Walker Art Gallery Board of Trustees National Museums & Galleries on Merseyside: 32m;/ Yale Center for British Art, Paul Mellon Fund, USA: 34or, 46ur; British Library: 4ul, 18–19, 23ol, 61or, 61mr; © The British Museum: 11 (zentrales Bild), 18ol, 19or, 49ur, 52m, 56mo,/ Chas Howson: 21or; Corbis/Robert Estall: 16m; Photographic Survey Courtauld Institute of Art: Privatsammlung 30ol; Mit frdl. Genehmigung der Treuhänder der Dulwich Picture Gallery: 33om (Ausschnitt); Dulwich College: 36ml; Museum of English Rural Life: 13ol; Mary Evans Picture Library: 8ol, 9mu, 12ol, 13ur, 15ol, 15mr, 15ul, 17ol, 17um, 19ol, 21um, 22ol, 25or, 29or, 30mlu, 30ur, 32ol, 33ol, 48ol, 48or, 48ur, 54m, 42ml, 44am; 56or;/ Charles Folkard: 55ol;/ILN1910 44oi; Glasgow Museums/Art Gallery & Museums: 10ol, 11or; Ronald Grant Archive: 47m, 52ol, 52ur, 53ol, 53ur, 62ml;/*Prosperos Bücher* © Allarts Enterprises 57ur;/Zeichentrickfilme nach Shakespeares *Ein Sommernachtstraum* © BBC 62m;/*Das Wintermärchen* 1966 © Cressida Film Productions 54ul;/*Alarm im Weltall* © MGM 63ul;/*Hamlet* 1948 © Two Cities 51ul; Mary Rose Trust: 15or, 27om, 45mr; Museum of London Archeology Service/Andy Chopping: 45ur; Mit frdl. Genehmigung des Museum of London: 3, 10ul, 16uml, 19um, 22–23, 24ur, 25om, 34mul, 40ml, 48m, 59ur; National Maritime Museum, London: 26–27, 56–57u, 57om, 57or, 58um;/Tina Chambers 20uml; The Natural History Museum, London: 2um, 37or; Post Office Picture Library: Shakespeares Theaterbriefmarken © The Post Office 1995, abgedruckt mit frdl. Genehmigung des Post Office. Alle Rechte vorbehalten: 21ol, 21ml, 35ml, 35mr, 58ur; Premier Brands: 26ul, 26ur, 50ol, 50mru, 51or, 51mr, 51ul; Public Record Office: 59ml; Museum of the Royal Pharmaceutical Society/Jane Stockman: 29mr; The Royal College of Music, London/Viola von Barak Norman, London, 1692: 39ol; St. Bride Printing Library: 60–61; Science & Society Picture Library: 56ul; Science Museum: 48ml, 56–57m/ John Lepine 28r. Shakespeare Birthplace Trust, Stratford-upon-Avon: 6ul, 6ur, 6–7, 7ul, 7ur /Malcolm Davies 10m, 60ml;/mit frdl. Genehmigung von Jarrold Publishing: 6ol, 58ol, 59ol; Shakespeare's Globe: Donald Cooper 58mr;/Nik Milner 32–33;/John Tramper 37ol; Mit frdl. Genehmigung der Treuhänder der V&A Picture Library: 6ul, 40ol; Vin Mag Archive/SAC: 42ol; The Wallace Collection: 26ol, 27or; Warwick Castle: 36or; Weald and Downland Open Air Museum: 7or, 13m; Westminster Cathedral: 10mr; York Archeological Trust: 24ml.

Einband: AKG London: Rückseite ul, Rückseite or, Vorderseite or; Bridgeman Art Library/Christie's Images: Vorderseite ol;/ Privatsammlung/Barbara Singer: Rückseite olu; Corbis: Vorderseite ur; Mary Evans Picture Library: Rückseite um, Vorderseite oml/ILN1919 Vorderseite ul; National Maritime Museum, London: Rückseite mro; The Natural History Museum, London: Vorderseite mlu; Post Office Picture Library: Rückseite omr, Vorderseite omr; Museum of the Royal Pharmaceutical Society/Jane Stockmann: Rückseite mlo; Shakespeare Birthplace Trust, Stratford-upon-Avon: Vorderseite ml;/Malcolm Davies: Vorderseite mu. Alle übrigen Abbildungen © Dorling Kindersley

Die Zitate aus den Theaterstücken wurden folgenden Quellen entnommen:

William Shakespeare:

Shakespeare: Dramatische Werke. Büchergilde Gutenberg: Frankfurt am Main, Wien, Zürich, 1965.
Übersetzt von A.W. von Schlegel: Hamlet (Bd. 3), Julius Cäsar (Bd. 3), Der Kaufmann von Venedig (Bd. 1), Romeo und Julia (Bd. 3), Ein Sommernachtstraum (Bd. 1), Der Sturm (Bd. 3), Wie es euch gefällt (Bd. 1)
Übersetzt von Dorothea Tieck: Macbeth (Bd. 3), Timon von Athen (Bd. 3)
Übersetzt von Wolf Graf Baudissin: Antonius und Cleopatra (Bd. 3), König Lear (Bd. 3), Liebes Leid und Lust (Bd. 3), Othello (Bd. 3), Viel Lärmen um nichts (Bd. 1), Der Widerspenstigen Zähmung (Bd 1.)

William Shakespeare: Sämtliche Werke in vier Bänden, Hrsg. von Anselm Schlösser; 5. Auflage. Aufbau-Verlag: Berlin, 1994.
Übersetzt von A.W. von Schlegel: König Heinrich IV., erster Teil (Bd. 3), König Heinrich V. (Bd. 3), König Heinrich VI, erster Teil (Bd. 3), König Heinrich VI. dritter Teil (Bd. 3), König Richard II. (Bd. 3), König Richard III. (Bd. 3)

Christopher Marlowe:

Christopher Marlowe: Doktor Faustus. Reclam: Stuttgart, ca. 1880. Übersetzt von Wilhelm Müller.

Christopher Marlowe: Tamburlan der Große, Erster Theil. Eichborn Verlag, Frankfurt a. M., 1999. Übersetzt von Wolfgang Schlüter.

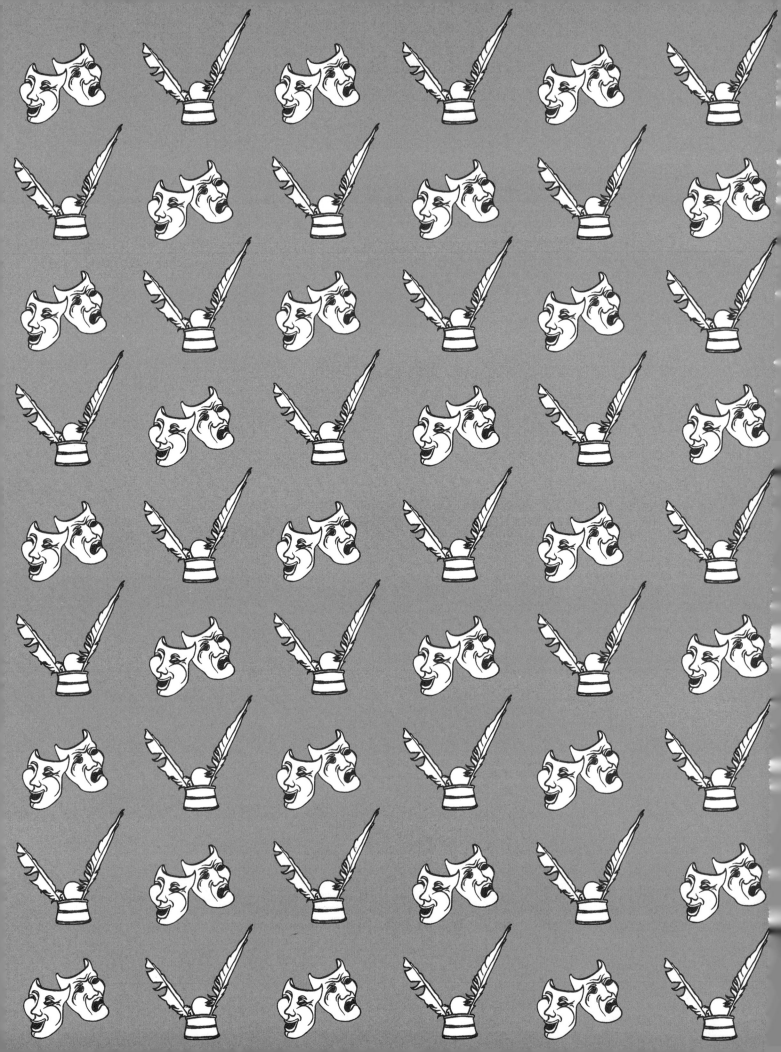